Arbeitstexte für den Unterricht

# Rundfunk und Fernsehen in Deutschland

Texte zur Rundfunkpolitik
von der Weimarer Republik
bis zur Gegenwart

FÜR DIE SEKUNDARSTUFE
HERAUSGEGEBEN VON
ANSGAR DILLER

PHILIPP RECLAM JUN. STUTTGART

Universal-Bibliothek Nr. 9587 [2]
Alle Rechte vorbehalten. © 1985 Philipp Reclam jun., Stuttgart
Gesamtherstellung: Reclam, Ditzingen. Printed in Germany 1985
ISBN 3-15-009587-5

# Inhalt

I. Vorwort .................... 6

II. Einleitung .................. 8

III. Texte ...................... 25

   1. In der Weimarer Republik ......... 25
   1.1. Helmut Drubba: Zur Etymologie des Wortes Rundfunk (1978) ............ 25
   1.2. Bericht des Reichspostministers über die Einführung des Rundfunks (1923) ....... 33
   1.3. Richtlinien über die Regelung des Rundfunks (1926) ..................... 35
   1.4. Hans Flesch: Die kulturellen Aufgaben des Rundfunks (1926) ............... 42
   1.5. Carl Severing: Rundfunk-Reformvorschläge (1929) ..................... 48
   1.6. Richtlinien für den Rundfunk (1932) .... 51
   1.7. Bertolt Brecht: Rede über die Funktion des Rundfunks (1932) ............... 54
   1.8. Winfried B. Lerg: Thesen zum Rundfunk in der Weimarer Republik (1965) ....... 56

   2. Im Dritten Reich .............. 58
   2.1. Joseph Goebbels: Rede vor den Rundfunkintendanten über die Aufgaben des Rundfunks im nationalsozialistischen Staat (1933) . 58
   2.2. Gerhard Eckert: Volksempfänger (1941) .. 61
   2.3. Gerhard Eckert: Der Rundfunk als Führungsmittel (1941) ............... 63
   2.4. Abhörverbot für Auslandssender (1939) ... 68
   2.5. Gerichtsurteile wegen der Übertretung des Abhörverbots von »Feindsendern« (1942) .. 70
   2.6. Joseph Goebbels: Der Rundfunk im Kriege (1941) ..................... 73

3. Unter alliierter Aufsicht . . . . . . . . . . . 7
3.1. Kontrollvorschriften der Besatzungsmächte – Rundfunkverbot für die Deutschen (1945) . . 76
3.2. Positionen der Ministerpräsidenten für den Wiederaufbau des Rundfunks (1946) . . . . 78
3.3. Hans Bredow: Freier Rundfunk (1946) . . . 79
3.4. Lucius D. Clay: Befehl zur Errichtung regierungsunabhängiger Rundfunkeinrichtungen (1947) . . . . . . . . . . . . . . . . . . 82
3.5. Barbara Mettler: Der Nachkriegsrundfunk als Medium der amerikanischen Umerziehungspolitik (1973) . . . . . . . . . . . . 82
3.6. Nordwestdeutscher Rundfunk – erste öffentlich-rechtliche Rundfunkanstalt (1948) . . . 88
3.7. Programmauftrag für den Hessischen Rundfunk (1948) . . . . . . . . . . . . . . . . 93
3.8. Hugh Carleton Greene: Abschied vom NWDR (1948) . . . . . . . . . . . . . . 95
3.9. Reinhold Maier: Ansprache bei der Übergabe von Radio Stuttgart in deutsche Hände (1949) . . . . . . . . . . . . . . . . . . 98

4. Von der Gründung der Bundesrepublik bis zum Fernsehurteil . . . . . . . . . . . . . 100
4.1. Presse- und Rundfunkbestimmungen der Alliierten Hohen Kommission (1949/50) . . . . 100
4.2. Diskussionen im Parlamentarischen Rat über Rundfunkfreiheit und Rundfunkorganisation (1948/49) . . . . . . . . . . . . . . . 103
4.3. Gründung der Arbeitsgemeinschaft der öffentlich-rechtlichen Rundfunkanstalten der Bundesrepublik Deutschland (ARD) (1950) . 108
4.4. Fernsehvertrag der ARD-Rundfunkanstalten (1953) . . . . . . . . . . . . . . . . . . 111
4.5. Fernsehurteil des Bundesverfassungsgerichts (1961) . . . . . . . . . . . . . . . . . . 115

| | | |
|---|---|---|
| 5. | Von der Gründung des ZDF bis zum Ende des öffentlich-rechtlichen Rundfunkmonopols . . . . . . . . . . . . . . . . . . . . | 118 |
| 5.1. | Staatsvertrag über das ZDF (1961) . . . . . | 118 |
| 5.2. | Axel Springer: Presse und Fernsehen (1961) . | 126 |
| 5.3. | Kommission des Bundestages: Keine Wettbewerbsverzerrung zwischen Presse und Rundfunk (1967) . . . . . . . . . . . . . | 129 |
| 5.4. | Publizistische Gewaltenteilung – Zwei Positionen (1968/1970) . . . . . . . . . . . . | 134 |
| 5.4.1. | SDR-Intendant Hans Bausch . . . . . . . | 134 |
| 5.4.2. | Bundesverband der Deutschen Zeitungsverleger . . . . . . . . . . . . . . . . . . | 140 |
| 5.5. | Telekommunikationsbericht (1975) . . . . . | 143 |
| 5.6. | Kabelpilotprojekte, unterschiedlich organisiert (1980/1983) . . . . . . . . . . . . . . | 146 |
| 5.6.1. | Pilotprojekt Ludwigshafen/Vorderpfalz . | 146 |
| 5.6.2. | Pilotprojekt Dortmund . . . . . . . . . . | 155 |
| 5.7. | Programm-Schema von ARD und ZDF (1984) . . . . . . . . . . . . . . . . . . . | 161 |
| IV. | Arbeitsvorschläge . . . . . . . . . . . . . . . . | 164 |
| V. | Quellenverzeichnis . . . . . . . . . . . . . . . . | 184 |
| VI. | Literaturhinweise . . . . . . . . . . . . . . . . | 188 |

# I. Vorwort

Die in diesem Band abgedruckten Texte vermitteln eine Übersicht über die Entwicklung des Rundfunks (= Hörfunk und Fernsehen) in Deutschland von seinen Anfängen in den 20er Jahren bis heute. Diese 60 Jahre Rundfunkgeschichte lassen sich in fünf Zeitabschnitte unterteilen, denen die Kapitel dieser Textsammlung folgen.
Der Rundfunk entstand, kurz nachdem die Weimarer Republik aus der Taufe gehoben worden war, und wurde durch seine vom Staat geprägte Organisationsform zu einem Medium in der Hand von Reichs- und Länderregierungen, ohne daß er in eine publizistische Funktion hineingewachsen wäre. Nach der Machtergreifung des Nationalsozialismus 1933 unterstellte Propagandaminister Joseph Goebbels den Rundfunk seinem Ministerium und baute ihn im »Dritten Reich« zu einem direkten Führungs- und Propagandamittel des Staates aus. Das Kriegsende brachte 1945 den Rundfunk unter die Kontrolle der Besatzungsmächte, die sich erst dann zurückzogen, nachdem die deutschen (Landes-)Politiker Rundfunkgesetze verabschiedet hatten, die die Unabhängigkeit des Mediums garantierten und es von Regierungseinfluß freihalten sollten. Nach Gründung der Bundesrepublik 1949 begann ein rund zehn Jahre anhaltendes Ringen, in dem (Bundes-)Politiker versuchten, ihre Hand auf die selbständigen und unabhängigen Rundfunkanstalten, die sich in der Arbeitsgemeinschaft der öffentlich-rechtlichen Rundfunkanstalten (ARD) zusammengeschlossen hatten, und dabei vor allem auf das Anfang der 50er Jahre entstandene Fernsehen zu legen. Mit dem Fernsehurteil von 1961, in dem bekräftigt worden ist, daß der Rundfunk weder dem Staat noch einer gesellschaftlichen Gruppe ausgeliefert werden dürfe, wurde die pluralistische Organisationsform bestätigt und damit festgeschrieben. Danach, und nach dem Modell der seit 1948/49 bestehenden öffentlich-rechtlichen Rundfunkanstalten, entstand 1961 auch das Zweite Deutsche Fernsehen. Mit Beginn

...r 80er Jahre ist das sechste Kapitel für die Entwicklung des Rundfunks aufgeschlagen worden; es wird geprägt sein von der Diskussion um neue Medientechnologien, vor allem um Kabel- und Satellitenrundfunk.

Des beschränkten Platzes wegen konzentriert sich die Textauswahl auf zentrale Dokumente und Aussagen aus der Rundfunkliteratur und nach 1945 auf die Entwicklung in Westdeutschland und in der Bundesrepublik. Die Texte sollen vor allem Informationen über die höchst unterschiedlichen Formen vermitteln, in denen der Rundfunk in seiner noch relativ jungen Geschichte organisiert war. Sie sollen zeigen, in welcher Weise sich die Organisation des Mediums, d. h. seine Staats- und Regierungsnähe oder -ferne, aber auch seine materielle Grundlage auf das auswirkt, was der Rundfunk seinen Hörern oder Zuschauern als Programm anbietet.

## II. Einleitung

Rundfunk in Deutschland. Etappen seiner Entwicklung

Am 29. Oktober 1923 nahm der Rundfunk in Deutschland seinen Programmbetrieb auf. Um 20.00 Uhr kündigte Friedrich Georg Knöpfke, der als Direktor der noch gar nicht gegründeten Berliner Rundfunkgesellschaft vorgesehen war, an, die Berliner Sendestelle im Voxhaus beginne nun auf Welle 400 mit dem Unterhaltungsrundfunk. Als erster Beitrag werde ein Cello-Solo mit Klavierbegleitung ausgestrahlt; diesem Stück folgten weitere zwölf Musiknummern bis zum Programmschluß um 21.00 Uhr.

Techniker hatten schon seit geraumer Zeit damit experimentiert, Musik und Wort mit Hilfe der drahtlosen Telegraphie zu übertragen. Der Durchbruch gelang im Ersten Weltkrieg mit dem erstmaligen Einsatz von Röhrensendern, Verstärkern und Empfängern. Die weitere Entwicklung nahm die Reichspost unter ihre Obhut, da das aus dem Jahr 1892 stammende Telegraphengesetz dem Reich die Aufsicht über die drahtlose Telegraphie zugesprochen hatte. Auch beim Funk für die Allgemeinheit wollte die Post, die von der Öffentlichkeit so gut wie unbemerkt die Weichen stellte, nicht auf ihre Zuständigkeit verzichten.

Die Rundfunkpläne, koordiniert von Post-Staatssekretär Hans Bredow, mußten unter denkbar ungünstigen politischen und wirtschaftlichen Voraussetzungen vorangetrieben werden. Die Bürde des verlorenen Ersten Weltkriegs lastete schwer auf der 1918 entstandenen jungen deutschen Republik. Putschversuche von links und rechts, Attentate, denen Anfang der zwanziger Jahre prominente Politiker zum Opfer fielen, erschütterten das Land, die Inflation trieb ihrem Höhepunkt entgegen. Es gehörte also schon eine Portion Mut dazu, den Aufbau eines neuen Kommunikationsnetzes in Angriff zu nehmen, dessen Schicksal im Ungewissen lag und für das, nach Weisung der Reichsregierung, keine Kosten entstehen durften.

Obwohl die Post alles in ihrer und damit in der Hand des Staates behalten wollte, schickte sie Private zur Gründung von Programmgesellschaften vor. So wurde am 22. Mai 1922 die »Deutsche Stunde [...] für drahtlose Belehrung und Unterhaltung« gegründet. Man ging davon aus, daß ein zentraler Sender genügen würde, ganz Deutschland mit Rundfunk zu versorgen. Die Sendungen sollten allerdings nicht von jedermann zu Hause, sondern nur in Versammlungssälen zu empfangen sein; dort wollte man sie gegen ein geringes Entgeld dem Publikum vorführen. Obwohl diese Vorstellungen der Deutschen Stunde den Überwachungswünschen des Staates sehr entgegenkamen, erwiesen sie sich doch als undurchführbar. Die Technik war noch nicht so weit entwickelt, um mit einer einzigen Abstrahleinrichtung die Rundfunkversorgung des gesamten Reichsgebietes zu gewährleisten.
So sah sich die Reichspost gezwungen, ihr ursprüngliches Konzept fallenzulassen. Statt dessen teilte sie im Sommer 1922 Deutschland in neun »Sendebezirke« von 200 bis 300 km Durchmesser ein, mit je einem Sender im Mittelpunkt. Private Geldgeber gründeten – nach dem Vorbild der »Deutschen Stunde« – zwischen 1922 und 1924 neun voneinander unabhängige Programmgesellschaften – in München, Frankfurt am Main, Berlin, Königsberg, Hamburg, Leipzig, Stuttgart, Breslau und Münster.
Damit war das Rundfunkwesen der föderalistischen Struktur des Deutschen Reiches angepaßt. Den kulturellen Besonderheiten der deutschen Länder und Regionen konnte somit viel besser Rechnung getragen werden als durch ein zentral in der Reichshauptstadt gesteuertes Programm. Aus der technischen Notwendigkeit machte Rundfunkmitbegründer Bredow eine kulturpolitische Tugend. Jedenfalls ist die Vielfalt von Sendern, Rundfunkorganisationen, Hörfunk- und mittlerweile auch Fernsehprogrammen noch heute auf die Weichenstellung von damals, Anfang der zwanziger Jahre, zurückzuführen.
Es dauerte jedoch noch etwa drei Jahre, bis der organisatori-

sche Aufbau zum Abschluß kam, die einzuhaltenden Regula rien in Paragraphenform gegossen und die Genehmigungen zur Benutzung einer Sendeanlage der Deutschen Reichspost endgültig erteilt waren. Um die regionalen Programmgesellschaften besser kontrollieren zu können, drängte die Reichspost auf deren Zusammenschluß. Fünf von ihnen gründeten am 15. Mai 1925 die von der Post geforderte Dachorganisation »Reichs-Rundfunk-Gesellschaft«, deren Führung, abgesichert durch einen 51prozentigen Geschäftsanteil, die Post übernahm. Nach dem gleichen Muster sicherte sich wenig später die oberste deutsche Fernmeldebehörde den ausschlaggebenden Einfluß auch bei den regionalen Programmgesellschaften.

Zuvor mußten jedoch Zugeständnisse an die Länder gemacht werden, die sich erfolgreich einem Alleingang des Reiches in der Rundfunkfrage widersetzten. Unter Hinweis auf ihre Kulturhoheit erzwangen sie Verhandlungen, die mit einem Kompromiß endeten. Beide Seiten einigten sich auf »Richtlinien über die Regelung des Rundfunks«. In ihnen waren die Einzelbestimmungen über die politische und kulturelle Überwachung festgehalten. Eigens erlassen wurden »Richtlinien für den Nachrichten- und Vortragsdienst der Sendegesellschaften«, die den Rundfunk auf strenge Überparteilichkeit festlegten und ein Auflagerecht für die Regierungen des Reiches und der Länder verankerten.

Über die Einhaltung dieser Richtlinien wachte ein bei jeder Rundfunkgesellschaft eingerichtetes weisungsgebundenes Gremium, der »Politische Überwachungsausschuß«, mit Zensurbefugnis. Ihm gehörten ein vom Reichsinnenminister bestelltes Mitglied und bis zu vier von den zuständigen Landesregierungen entsandte Vertreter an. Zur Beratung in Fragen der Kunst, Wissenschaft und Volksbildung berief das federführende Land in Übereinstimmung mit dem Reichsinnenminister außerdem einen Kulturbeirat. An Nachrichten, so legten es die Texte fest, durfte nur das ausgestrahlt werden, was eine vom Reich eigens eingerichtete Redaktion, die »Drahtloser Dienst A.-G.«, den Rundfunkgesellschaften bot. Die Bestellung des Chefredakteurs bedurfte der Bestätigung durch das Reichskabinett.

An den Parlamenten des Reiches und der Länder vorbei entstand also die Rundfunkorganisation auf dem Verordnungswege. Daß auch auf den Rundfunk das Zensurverbot der Reichsverfassung zutreffen könnte, kam so gut wie niemanden in den Sinn. Es gab jedoch Rundfunkmitarbeiter, die, die Zensur bewußt mißachtend, für eine behutsame Öffnung des Mediums stritten. Ohne vorherige Manuskriptprüfung ließen sie Diskussionen vor dem Mikrophon zu, um auf die publizistischen Möglichkeiten des Rundfunks aufmerksam zu machen. Solchen Gesprächsprogrammen war keine lange Lebensdauer beschieden. Autoritäre Regierungen, die seit 1930 keine parlamentarische Mehrheit mehr besaßen, machten ein Ende damit. Ihnen war der Rundfunk als Propagandamittel des Staates wichtiger, vor allem als ein Instrument zur Propagierung ihrer eigenen Politik. Dabei standen ihnen gute Argumente zur Seite: der politische Radikalismus von rechts und links müsse bekämpft werden, wozu gerade der Rundfunk sehr geeignet sei.

Vor allem in den Sommermonaten des Krisenjahres 1931 verging kaum eine Woche, in der nicht der Reichskanzler oder Minister vor den Rundfunkmikrophonen erschienen, um immer wieder neue Notverordnungen zu erläutern. Als schließlich solche Notverordnungen mit ihrer Verlesung im Rundfunk in Kraft traten, der Rundfunk also das Reichsgesetzblatt zu ersetzen begann, kommentierte ein nachdenklicher Zeitgenosse, daß solche Regierungseingriffe einen weiteren Schritt auf dem Weg zum konsequenten Ausbau des Staatsfunks bedeuteten.

Dieser Staatsfunk kam durch das »Kabinett der Barone« unter Kanzler Franz von Papen. Am 15. Juni 1932 konnten die Rundfunkhörer vor den Lautsprechern vernehmen: »Die neue Reichsregierung legt Wert darauf, ihre Absichten und Handlungen dem deutschen Volke durch die Benutzung der neuzeitlichen Einrichtung des Rundfunks unmittelbar mitzuteilen.« Dies war der Auftakt der fast täglichen »Stunde der

Reichsregierung«. In ihr meldete sich vor allem Papen zu Wort, der ebenso wie sein Nachfolger Kurt von Schleicher zwar nie im Reichstag sprach, dafür aber mehrere Male im Rundfunk.

Die Rundfunkmitarbeiter sahen diesem Treiben ohnmächtig zu, kaum eine Hand rührte sich gegen den Regierungsrundfunk. Ebenso macht- und einflußlos waren sie, als bis November 1932 eine Rundfunkreform nach autoritären Vorstellungen durchgesetzt wurde. Alle Privataktionäre hatten auszuscheiden und ihre Anteile an den Rundfunkgesellschaften der öffentlichen Hand abzutreten. Staatskommissare machten sich in den Funkhäusern breit. Zu ihren Aufgaben gehörte es, das Programm vom »staatspolitischen Standpunkt aus« zu kontrollieren und »bei der Besetzung maßgeblicher Stellen im Verwaltungs- und Programmdienst der jeweiligen Rundfunkgesellschaft« mitzuwirken. Außerdem wurden neue Programmrichtlinien erlassen.

Diesen verstaatlichten Rundfunk der Papen-Regierung bedachte der Propagandaleiter der NSDAP Joseph Goebbels Ende 1932 noch mit scharfem Protest. Doch am 30. Januar 1933 übernahmen die Nationalsozialisten mit der Macht im Staate auch automatisch die Macht im Rundfunk. Noch in der Nacht zum 31. Januar 1933 bekamen das die Rundfunkteilnehmer zu hören, als der Fackelzug der SA- und Stahlhelmkolonnen übertragen wurde.

Mitte März 1933 beschloß das Reichskabinett gegen den Einspruch Alfred Hugenbergs von der Deutschnationalen Volkspartei die Errichtung eines Propagandaministeriums. Zu dessen Leiter ernannte der greise Reichspräsident Paul von Hindenburg den nationalsozialistischen Propagandachef Goebbels, der seinen Beruf mit »Schriftsteller« angab. Wenige Tage später ließ sich der neue Minister bereits die Programmüberwachung des Rundfunks vom Reichsinnenminister und die wirtschaftliche Kontrolle über den Rundfunk vom Reichspostminister übertragen. Am 25. März erklärte er den Rundfunkintendanten unverblümt: »Wir machen gar keinen Hehl daraus: Der Rundfunk gehört uns, niemandem sonst! Und den Rundfunk werden wir in den Dienst unserer Idee stellen, und keine andere Idee soll hier zu Worte kommen. [...] Der Rundfunk hat sich der Zielsetzung, die sich die Regierung der nationalen Revolution gestellt hat, ein- und unterzuordnen! Die Weisungen dazu gibt die Regierung!«

Diesem Totalitätsanspruch nachzukommen und den Kurswechsel zu vollziehen, hielt Goebbels die bisherigen Mitarbeiter für äußerst ungeeignet. Zahlreiche Redakteure und Techniker, vor allem wenn sie KPD- oder SPD-Mitglieder, Juden oder den Nationalsozialisten sonst suspekt waren, wurden entlassen, einige im Konzentrationslager festgesetzt und später in einem Schauprozeß angeklagt, andere zogen den Freitod persönlicher Demütigung vor. In die freigewordenen Positionen berief Goebbels nationalsozialistische Propagandafunktionäre, die sich in der »Kampfzeit« erprobt hatten und ihm treu ergeben waren.

Sofort wurde im Propagandaministerium eine Abteilung als »Befehlszentrale des Rundfunks« eingerichtet, doch regte sich gegen die zentralistischen Tendenzen regionaler Widerstand. Er ging von Goebbels' ewigem Rivalen, dem selbstbewußten preußischen Ministerpräsidenten Hermann Göring aus, der auch andere Länder mitzureißen verstand. Erst ein Machtwort Hitlers, der anordnete, allein das Reich verfüge uneingeschränkt über den Rundfunk, beendete den Streit. Damit war Goebbels unumschränkter Herr über den Rundfunk geworden. Sämtliche Anteile an den regionalen Rundfunkgesellschaften gingen auf ihn als Reichsminister für Volksaufklärung und Propaganda über. Fortan gab es nur noch »Reichssender« als gleichgeschaltete Filialen innerhalb einer einheitlichen Rundfunkorganisation im Reichsbesitz.

Übertragungen von stundenlangen Führerreden, Aufmärschen und Kundgebungen, wie sie im ersten halben Jahr üblich waren, ließen sich direkt im Programm unterbringen. Allerdings traten sie später zugunsten »leichterer Kost« etwas zurück, um das Programm durch Unterhaltung aufzulockern und die Hörer auf die Dauer nicht zu verprellen. Doch

Abstriche an der Politik im Rundfunkprogramm wurden n
insoweit zugelassen, als sie die propagandistische Vor- und
Nachbereitung innen- und außenpolitischer Aktionen des
Regimes nicht gefährdeten.
In diesem Staat jedoch, der sich »Drittes Reich« nannte, rivalisierte jenseits der absoluten Führungsautorität Hitlers beinahe jeder mit jedem. So auch im Rundfunk. Goebbels sah sich zunehmend Ansprüchen von Ministerkollegen konfrontiert, die Mitspracherechte verlangten. Die Folge war ein andauerndes Tauziehen zwischen partei-, innen-, außen- und militärpolitischen Interessen: Um die Einführung des Fernsehens, das 1935 mit einem Versuchsbetrieb begann, gab es wiederum Streit mit Göring, der mittlerweile zum Reichsluftfahrtminister avanciert war. Wegen der Rundfunkgebühren und der Sendeanlagen befehdeten sich Reichspost- und Reichspropagandaministerium. Der Auslandsrundfunk geriet in die Schußlinie der Auseinandersetzungen zwischen Goebbels und dem Auswärtigen Amt Joachim von Ribbentrops. Wegen der Berichterstattung der Propagandakompanien im Zweiten Weltkrieg stritten sich das Oberkommando der Wehrmacht und das Propagandaministerium.
Gleich zu Beginn dieses Krieges – am 1. September 1939 – trat eine Verordnung in Kraft, die sich als »außerordentliche Rundfunkmaßnahme« tarnte, ein Abhörverbot für Auslandssender enthielt und mit Zuchthaus- und Todesstrafe drohte. Zu dieser Zeit lief der Ätherkrieg bereits auf vollen Touren. Fremdsprachensendungen beiderseits der Fronten suchten auf die Bevölkerung des Kriegsfeindes einzuwirken. Die stetig intensivierte Propaganda des deutschen Rundfunks gegenüber dem Ausland ging einher mit einer Ausdünnung des Programms für die Bewohner innerhalb der deutschen Reichsgrenzen. Denn seit dem Juni 1940 strahlten alle deutschen Sender nur noch ein Einheitsprogramm aus. Es beschränkte sich fast ausschließlich auf Unterhaltung (Wunschkonzerte), um vom Krieg abzulenken, auf Reportagen der Propagandakompanien, Nachrichten und den täglich mehrmals ausgestrahlten Wehrmachtbericht. Mit dem Groß-

deutschen Dritten Reich brach am 8. Mai 1945 auch der seit dem 1. Januar 1939 so genannte »Großdeutsche Rundfunk« zusammen.

»This is Radio Hamburg, a station of the Allied Military Government. Hier spricht Hamburg, ein Sender der Alliierten Militärregierung« tönte am 4. Mai 1945, kaum 24 Stunden nach der letzten Sendung des nationalsozialistischen Reichssenders, eine ganz andere Stimme aus dem Äther. Hinter dem Mikrophon stand das Mitglied eines britischen Spezialtrupps, der den Auftrag erhalten hatte, den Rundfunk in der künftigen britischen Besatzungszone wieder in Betrieb zu setzen. Radioeinheiten auch der anderen Alliierten – Amerikaner, Franzosen und Sowjets – übernahmen das vom deutschen Rundfunk, was der Krieg davon übriggelassen hatte.

In diesem Rundfunk, wie in allen anderen Massenmedien, wollten die Alliierten alleine den Ton angeben. Deswegen setzten sie ein Gesetz in Kraft, das den Deutschen den Betrieb von Rundfunk- und Fernseheinrichtungen sowie die Herausgabe von Zeitungen untersagte. Übereifrige örtliche Militärkompanien ließen mancherorts sogar die Empfangsgeräte einziehen.

Jede Besatzungsmacht ging ihre eigenen Wege. Die Engländer bauten für ihre Besatzungszone eine einzige Rundfunkorganisation auf unter der Bezeichnung »Nordwestdeutscher Rundfunk« mit Sitz in Hamburg. Sie fanden Nachahmer in den Franzosen, die den Südwestfunk in Baden-Baden gründeten; davon wurde für das Saarland Radio Saarbrücken abgetrennt. Als Zentrale für den Rundfunk ihrer Besatzungszone nahmen die Sowjets das Berliner »Haus des Rundfunks«, das in den Westsektoren lag, in Beschlag. Nur die Amerikaner legten sich auf einen dezentralen Rundfunk fest. Unter ihrer Aufsicht entstanden selbständige Sender in Bremen, Frankfurt, München und Stuttgart.

Eine Sonderentwicklung bahnte sich in Berlin an. Da sich die Sowjets weigerten, den Westalliierten Sendezeit im Berliner Rundfunk zu überlassen, gründeten die Amerikaner 1946 RIAS Berlin. Die Briten reagierten, indem sie eine Zweigstelle des Nordwestdeutschen Rundfunks eröffneten. Am Schnittpunkt des heraufziehenden Ost-West-Konflikts, des Kalten Krieges, standen Rundfunkstationen in unmittelbarer Nachbarschaft im Wettstreit der politischen Systeme.

Im Rundfunk sahen Amerikaner, Briten und Franzosen ein wichtiges Instrument zur Umerziehung der Deutschen (Reeducation). Demokratische Verhaltensweisen galt es gerade auch im und durch den Rundfunk zu vermitteln. So gab es Meinungsfreiheit, die Freiheit, politische Ereignisse von verschiedenen Seiten zu beleuchten und zu kommentieren, nunmehr zum ersten Male im deutschen Rundfunk.

Wie diese Errungenschaft künftig zu sichern, welche Art von Rundfunkorganisation einem demokratischen Staat gemäß sei, daran entzündeten sich die unterschiedlichen Auffassungen von Besatzern und Besetzten. Während nämlich maßgeblichen Deutschen eine Rundfunkordnung nach dem Vorbild der Weimarer Republik vorschwebte, deuteten die Weisungen aus den westalliierten Hauptquartieren in eine ganz andere Richtung. Nicht mehr Instrument des Staates sollte der Rundfunk sein, ihm sollte vielmehr, ebenso wie den anderen publizistischen Medien, die Unabhängigkeit vom Staat garantiert werden. Auch eine privatrechtliche Gesellschaft als Trägerin von Rundfunksendungen kam für die Alliierten nicht in Betracht. Obwohl die Amerikaner ein kommerzielles Rundfunksystem aus ihrer Heimat kannten, hielten sie es nicht für übertragbar auf ein Land, dessen Wirtschaft darniederlag und das nur über eine begrenzte Zahl von Rundfunkfrequenzen verfügte. Vielmehr stellte der britische Rundfunk, der sich als Dienst an der Allgemeinheit verstand, so etwas wie ein Vorbild dar.

Als den Besatzungsmächten klar wurde, daß die Deutschen nicht bereit waren, auf ihre Vorstellungen einzugehen, stellten sie ihre Überzeugungsbemühungen ein und erteilten – ganz undemokratisch – Befehle. Zunächst der Post, in ihren Augen eine staatliche Behörde, die vor 1945 eine verhängnisvolle Rolle im Rundfunk gespielt hatte; sie mußte die Sender den Rundfunkstationen übereignen. Dann erklärte der ame-

...kanische Militärgouverneur General Lucius D. Clay am 21. November 1947 in einer Anweisung grundsätzlich: »Es ist die grundlegende Politik der US-Militärregierung, daß die Kontrolle über die Mittel der öffentlichen Meinung, wie Presse und Rundfunk, verteilt und von der Beherrschung durch die Regierung freigehalten werden müssen.« Weder vom Staat, noch von einzelnen gesellschaftlichen Gruppen oder Organisationen sollte dieser Rundfunk einseitig beherrscht werden können. Andererseits hatte er jedoch allen, also auch Vertretern des Staates, der Parteien oder Interessengruppen, gleiche Chancen zur Äußerung einzuräumen.

Aus den Verhandlungen zwischen alliierten Rundfunkexperten und deutschen Politikern ging ein Kompromiß hervor. Zunächst in der britischen Zone, wo sich als erste Rundfunkanstalt des öffentlichen Rechts in Deutschland der Nordwestdeutsche Rundfunk am 1. Januar 1948 konstituierte. In dessen Satzung stand, der Rundfunk werde in voller Unabhängigkeit von Einflüssen des Staates und parteipolitischen Richtungen betrieben. Darüber zu wachen hatte ein Aufsichtsgremium, der Hauptausschuß, dessen personelle Zusammensetzung mit überwiegend staatlichen Vertretern damals schon auf Bedenken stieß. Die Amerikaner rangen zäher und länger als die Briten mit den deutschen Politikern. Sie verwarfen immer wieder deren Gesetzentwürfe, die auf Länderbasis öffentlich-rechtliche Rundfunkanstalten begründen sollten. Nur allmählich wurde die deutsche Position überwunden, daß der Staat im Rundfunk eine Vorzugsstellung einnehme. Gegen vielfältige Anfeindungen setzten die Amerikaner durch, daß der Rundfunk als publizistisches Medium die Regierung kontrolliere und nicht umgekehrt.

Anläßlich der Übergabe von Radio Stuttgart als Süddeutscher Rundfunk in deutsche Hände sagte Ministerpräsident Reinhold Maier am 22. Juli 1949 in seiner Festansprache: »Der deutsche Standpunkt konnte sich nur unter Bedenken der Auffassung anschließen, daß eine Radiostation im Grunde genommen niemand gehöre, daß niemand eine Verantwortung trage und daß niemand einen Einfluß auszuüben hab. Wir waren der Ansicht, daß irgend jemand der Träger eines solchen Unternehmens sein müsse. Wir haben uns der höheren Einsicht gefügt und warten nunmehr das Ergebnis des Experiments ab. Die Bevölkerung hält die Regierung, wie wir immer wieder erfahren, für das verantwortlich, was beim Stuttgarter Rundfunk vorgeht. Die Bevölkerung möge davon Kenntnis nehmen, daß seit 1945 bis heute und wiederum von heute an die Regierung keine Mitwirkungsrechte auszuüben hat, daß sie in den Gremien des Rundfunks nicht aktives, ja nicht einmal passives Mitglied ist. Die Regierung ist einfacher Zuhörer wie das Volk und freut sich dieser demokratischen Rolle. Wir sind übrigens begierig, zu welchem zukünftigen ›Jemand‹ der heutige anscheinende ›Niemand‹ sich entwickeln wird. Das Rundfunkgesetz setzt die Landesregierung auf diesem Gebiet in den Ruhestand.«

Viele Parteipolitiker in den Länderparlamenten empfanden die Gesetze, die die Kontrolle über den Rundfunk überwiegend »ständisch« zusammengesetzten Rundfunkräten übertrugen, als Besatzungsdiktat. Diese Gremien, denen – wenn auch nur in geringer Zahl – Regierungsmitglieder und Parteienvertreter angehören durften, hatten und haben auch heute noch den Intendanten zu wählen, über die Einhaltung der Programmrichtlinien zu wachen sowie die Unabhängigkeit des Rundfunks in jeder Beziehung zu garantieren.

Zusammen mit dem Südwestfunk Baden-Baden, dem die Franzosen bereits am 30. Oktober 1948 durch eine Verordnung eine gesetzliche Basis gegeben hatten, waren bis Mitte 1949 in den drei westlichen Besatzungszonen sechs voneinander unabhängige Rundfunkanstalten des öffentlichen Rechts geschaffen worden. Sie hatten die Aufgabe, Nachrichten und Darbietungen unterhaltender, bildender und belehrender Art zu verbreiten. Privilegiert wurden die Vertreter politischer Parteien, der Kirchen und der Sozialpartner; ihnen war Sendezeit ohne Benachteiligung einer Gruppierung einzuräumen. Die Landesregierungen erhielten das Recht, Gesetze und Verordnungen durch den Rundfunk bekanntgeben zu

...ssen. Nachrichten waren strikt von Kommentaren zu trennen, wie es die Sendegrundsätze verlangten, die ausdrücklich sachliche Kritik an Personen und Einrichtungen des öffentlichen Lebens für zulässig erklärten. Den angegriffenen Dienststellen und Persönlichkeiten mußte aber die Möglichkeit zur Entgegnung gegeben werden.

Das Grundgesetz für die Bundesrepublik Deutschland gewährleistet in Artikel 5 seit 1949 nur die »Freiheit der Berichterstattung durch Rundfunk«. Für die Zukunft enthielt diese Bestimmung ebenso Konfliktstoff wie sie den Anlaß zur verfassungsrechtlichen Interpretation der Rundfunkfreiheit bildete. Als strittig stellte sich dabei nicht nur das »Wie« der Rundfunkorganisation heraus, sondern ebenso, wer denn diese Organisation zu bestimmen habe. Im Grundgesetz eindeutig festgehalten war lediglich, daß dem Bund nach Artikel 73 die ausschließliche Gesetzgebung für das Post- und Fernmeldewesen zustehe.

Aber auch nach Gründung der Bundesrepublik konnte der Gesetzgeber gerade in Rundfunkfragen nicht schalten und walten wie er wollte. Denn gleichzeitig mit dem Besatzungsstatut setzte die neu gebildete Alliierte Hohe Kommission am 21. September 1949 ein Presse- und Rundfunkgesetz in Kraft, das mit den Worten begann: »Die Freiheit der deutschen Presse, des deutschen Rundfunks und anderer deutscher Mittel der Berichterstattung sind gewährleistet, wie im Grundgesetz vorgesehen. Die Alliierte Hohe Kommission behält sich das Recht vor, jede von der Regierung auf politischem, verwaltungsmäßigem oder finanziellem Gebiet getroffenen Maßnahme, die diese Freiheit bedrohen könnte, für ungültig zu erklären oder aufzuheben.« Im übrigen durften ohne Genehmigung der Alliierten Hohen Kommissare weder neue Rundfunk- noch Fernseh- oder Drahtfunksender errichtet werden. Damit lag die Funkhoheit also weiterhin bei den Alliierten.

Die sechs Rundfunkanstalten schlossen sich am 10. Juni 1950 zur »Arbeitsgemeinschaft der öffentlich-rechtlichen Rundfunkanstalten der Bundesrepublik Deutschland«, zur ARD, zusammen. Es galt sich durch eine enge Zusammenarb[eit] gegen die Angriffe von außen zu wappnen. Denn ein mächt[i]ger Gegner war dem Rundfunk schon seit längerer Zeit in de[r] Person von Bundeskanzler Konrad Adenauer erwachsen. Im Rundfunk, aber auch in der Presse, sah der Kanzler hauptsächlich die Sozialdemokratie bzw. die Opposition am Werk. 1947 hatte er im Zonenbeirat nur von einer allgemeinen Unzufriedenheit mit dem Nordwestdeutschen Rundfunk gesprochen und während des Bundestagswahlkampfs im Sommer 1949 schwere Angriffe gegen diese Rundfunkanstalt vorgetragen. Am 21. Mai 1950 jedoch fuhr der Kanzler in einer Kundgebung in Düsseldorf schweres Geschütz auf: »Der Rundfunk [...] ist eine Hinterlassenschaft der englischen Besatzung aus der ersten Zeit ihrer Besatzung. Damals glaubte sie, sie würde demokratisch handeln und der Demokratie helfen, wenn sie die öffentliche Meinung möglichst in die Hände der SPD gebe. Und an dieser harten Nuß knabbern wir jetzt noch, und ich hoffe, daß diese Nuß noch geknackt wird.«

»Rechtzeitig vor den Wahlen« sollte »die Neuordnung des deutschen Rundfunkwesens« herbeigeführt werden, so beauftragte Adenauer seinen Innenminister 1952 und dachte dabei an eine Vermehrung des Regierungseinflusses. Aber weder vor den Bundestagswahlen von 1953 noch 1957 kam es, wie vom Kanzler gewünscht, zu den entscheidenden Veränderungen der noch von den Alliierten geprägten Rundfunklandschaft.

Ganz ohne Zutun der Politik hatte inzwischen das Fernsehen in der Bundesrepublik Deutschland seinen Einzug gehalten. Nach langwierigen Vorbereitungen erreichte es Ende 1950 wieder den technischen Stand der Vorkriegszeit, um mit Versuchssendungen beginnen zu können. Ein reguläres, täglich ausgestrahltes Fernsehprogramm eröffnete der Fernsehintendant Werner Pleister vom Nordwestdeutschen Rundfunk aber erst am 25. Dezember 1952. An dieses Programm schlossen sich nach und nach auch die übrigen Rundfunkanstalten der Bundesrepublik an und begannen eigene Beiträge für zu produzieren. 1953 unterzeichneten alle Anstalten der ARD den Fernsehvertrag, in dem sie sich zu einem Gemeinschaftsprogramm verpflichteten, zu dem die Vertragspartner prozentual gestaffelte Anteile beisteuern sollten. Zum erstenmal erschien am 31. Oktober 1954 »Deutsches Fernsehen« als optische Programmanzeige auf den Bildschirmen.

Wenn auch das Fernsehen in den Überlegungen der Politiker noch keine Rolle spielte, so suchten sie doch, wo immer sie die Möglichkeit dazu sahen, Korrekturen an der organisatorischen Struktur des Rundfunks anzubringen. Der rundfunkpolitische Kurs verschärfte sich, nachdem 1955 der Deutschlandvertrag der Bundesrepublik die volle Souveränität und damit auch die Funkhoheit zurückgegeben hatte. Zwar trug die erste Rundfunkneugründung in den fünfziger Jahren, die Errichtung des Senders Freies Berlin, schon wegen des besonderen Status der ehemaligen Reichshauptstadt, noch deutlich die Handschrift der Alliierten. Doch nachdem der Nordwestdeutsche Rundfunk in zwei selbständige Anstalten des öffentlichen Rechts – den Norddeutschen Rundfunk in Hamburg und den Westdeutschen Rundfunk in Köln – aufgeteilt worden war, gab es plötzlich zwei Verfahren, nach denen Vertreter in das repräsentative Organ der Allgemeinheit, den Rundfunkrat, entsandt wurden. In den Ländern der ehemaligen amerikanischen Besatzungszone waren dies, wie bisher, die gesellschaftlich relevanten Gruppen, in den Ländern der ehemaligen britischen Besatzungszone fungierten nun die Parlamente und damit praktisch die Parteien als Wahlgremien für den Rundfunkrat.

Von dem Maß, in dem der Einfluß von Landespolitikern auf den Rundfunk wuchs, konnten Bundespolitiker hingegen nur träumen. Vergeblich bzw. fast vergeblich blieben ihre konzentrierten Bemühungen, sich entscheidende Zugriffsmöglichkeiten vor allem auf die zur Diskussion stehenden »neuen« Rundfunkdienste zu sichern. Sie versuchten im Hörfunk bei der Veranstaltung von Programmen für das Ausland über die Kurz- sowie über die Langwelle und im

Fernsehen bei der Einführung eines zweiten Programms u
später weiterer Programme den Hebel anzusetzen.
Über die Rolle der Massenmedien in einer freiheitlicher
Demokratie kamen dabei grundlegende Auffassungsunterschiede zum Vorschein. Adenauer sah in Presse und Rundfunk keine Partner, die einerseits den Staat mitzugestalten, andererseits die politisch Handelnden zu kontrollieren und zu kritisieren hatten. Dem Kanzler galten sie als dienende Werkzeuge für die Regierungspolitik. Außerdem zweifelte der Regierungschef die Rundfunkhoheit der Länder an, ohne diese staatsrechtliche Position allerdings eindeutig für den Bund zu beanspruchen.
Aber die Regierungschefs der Länder, selbst die, welche Adenauers Partei, der CDU, angehörten, dachten nicht daran, etwas von ihren Rechten preiszugeben. Als Adenauer es schließlich leid war, seit fast einem Jahrzehnt ohne Erfolg verhandelt zu haben, wagte er einen Alleingang. Seine Gründung, die Deutschland-Fernseh-GmbH, deren Satzung und Programmgrundsätze auf eine vom Staat beherrschte privatrechtliche Gesellschaft schließen ließ, führte zum Konflikt. Einige SPD-regierte Bundesländer riefen das Bundesverfassungsgericht in Karlsruhe an, das am 28. Februar 1961 seinen Spruch verkündete: »Der Bund hat durch die Gründung der Deutschland-Fernseh-GmbH gegen Artikel 30 in Verbindung mit dem VIII. Abschnitt des Grundgesetzes sowie gegen den Grundsatz bundesfreundlichen Verhaltens und gegen Artikel 5 des Grundgesetzes verstoßen [...]. Die Veranstalter von Rundfunkdarbietungen müssen also so organisiert werden, daß alle in Betracht kommenden Kräfte in ihren Organen Einfluß haben und im Gesamtprogramm zu Wort kommen können, und daß für den Inhalt des Gesamtprogramms Leitgrundsätze verbindlich sind, die ein Mindestmaß von inhaltlicher Ausgewogenheit, Sachlichkeit und gegenseitiger Achtung gewährleisten.«
Auf diesem grundlegenden Urteil der Karlsruher Richter von 1961 bauten weitere Rundfunkurteile des obersten deutschen Gerichts in den Jahren 1971 und 1981 auf. Alle drei definier-

in übereinstimmend die Rolle des Rundfunks in der Gesellschaft und klärten das Verhältnis zwischen dem elektronischen Medium und dem Staat.

Durch die Niederlage vor dem Verfassungsgericht mußte sich der Bund aus dem künftigen Streit um den Rundfunk fast völlig verabschieden, da ihm nur die technische Seite des Fernmeldewesens von Verfassungs wegen verblieben war. Allerdings waren 1960 zwei Rundfunkanstalten des Bundesrechts nach zähen Verhandlungen mit den Ländern geschaffen worden. Aufgabe von Deutscher Welle und Deutschlandfunk ist es seitdem, Sendungen für Deutschland als Ganzes sowie für das europäische und außereuropäische Ausland zu veranstalten. In ihren Aufsichtsgremien sind Vertreter von Bundesinstanzen ebenso vertreten wie in dem 1961 von den Ministerpräsidenten ins Leben gerufenen Zweiten Deutschen Fernsehen, das am 1. April 1963 mit seinen Sendungen begann.

Zwar verbot das Bundesverfassungsgericht eindeutig einen Staatsrundfunk in welcher Organisationsform auch immer. Ob Rundfunk jedoch durch andere als öffentlich-rechtliche Träger veranstaltet werden könnte, wenn auch nur unter ganz bestimmten technischen und organisatorischen Voraussetzungen, blieb jedoch offen, was immer wieder die Diskussion um den Rundfunk belebte. Aber auch die Fragen des Wettbewerbs zwischen elektronischen und gedruckten Medien schoben sich jetzt stärker in den Vordergrund. So führten die Zeitungsverleger in den 60er Jahren eine Kampagne, in der sie den Rundfunk wegen der Hörfunk- und Fernsehwerbung der Wettbewerbsverzerrung bezichtigten. Eine vom Bundestag eigens eingesetzte Kommission widerlegte diese Behauptungen. Vermehrte Gefahr drohte seit Ende der sechziger Jahre wieder von staatlicher Seite, als die Rundfunkanstalten wegen abflachender Zuwachsraten bei den Hörfunk- und Fernsehteilnehmern in finanzielle Engpässe gerieten. Zu verlockend war für Landespolitiker, die erstmals nach nicht ganz 50 Jahren einer stabilen Hörfunk- und nach fast 20jähriger stabiler Fernsehgebühr über eine Gebührenerhöhung zu befinden hatten, die Aussicht, ihre Zustimmung gegen ve[r]mehrten Einfluß einzutauschen. Der Höhepunkt des Drucks wurde im Frühjahr 1983 erreicht, als Länderparlamente eine Gebührenerhöhung mit Erwartungen, Auflagen und Forderungen verbanden.

Seit Mitte der 70er Jahre wurden neue Übertragungstechniken erschlossen, wie Kabel und Satellit, die unter der Bezeichnung »Neue Medien« Eingang in die Umgangssprache gefunden haben. Das erste Kabelpilotprojekt begann am 1. Januar 1984 in Ludwigshafen mit seinem Betrieb; in ihm sind erstmals auch private Programmanbieter zugelassen. Private werden auch über Satellit künftig ihre Programme ausstrahlen dürfen. Einige Landesregierungen haben Medien- und Rundfunkgesetze angekündigt, um dem öffentlich-rechtlichen Rundfunk weitere Konkurrenz in privatwirtschaftlicher Form zur Seite zu stellen.

Eines scheint festzustehen: Gefahr droht für das publizistische Gleichgewicht zwischen privatwirtschaftlicher Presse und öffentlich-rechtlichem Rundfunk, das bisher mit Recht als »publizistische Gewaltenteilung« und damit als stabilisierend für die Demokratie charakterisiert worden ist. Kooperation zwischen Presse und Rundfunk soll die Schwierigkeiten überwinden helfen.

# III. Texte

## 1. In der Weimarer Republik

### 1.1. Helmut Drubba:
### Zur Etymologie des Wortes Rundfunk (1978)

[...] Das Wort Rundfunk hat den Bestandteil Funk. Bekanntlich hat Heinrich Hertz (1857–1894) durch Funkenentladungen die Ausbreitung elektromagnetischer Wellen nachgewiesen. Dabei wurden sowohl für die Erzeugung als auch für den Nachweis dieser Wellen Funkenentladungen verwendet. Hertz hat niemals daran gedacht, die von ihm entdeckten Wellen für eine Nachrichtenübermittlung zu verwenden. In Deutschland kam es im Laufe der weiteren Entwicklung zu Bezeichnungen wie Wellentelegraphie, Radiotelegraphie, Funkentelegraphie, drahtlose Telegraphie oder auch Funktelegraphie u. ä. Im Bereich der Post bestanden schon seit langem Verdeutschungsbestrebungen. So hat z. B. nach Angaben von H. Moser* schon 1874 und 1875 Generalpostmeister Heinrich v. Stephan (1831–1897) 760 fremdsprachliche Bezeichnungen verdeutschen lassen. Dazu gehören etwa: Eil-, Einschreib-, Wertbrief; Postanweisung, postlagernd; Drucksache, Nachnahme. Telefon wurde eingedeutscht als Fernsprecher (dazu Fernsprechamt usw.).
[...]
Es kann hier nicht die Aufgabe dieser kurzen Betrachtung sein, darzulegen, wie es nach dem Ersten Weltkrieg zur Entstehung des Rundfunks im heutigen Sinne kam. Hierfür gibt es die Darstellung von Winfried B. Lerg, auf die ganz besonders verwiesen sein soll.** Es lag an den besonderen politischen Verhältnissen des Deutschen Reiches in der Nachkriegszeit, die von Lerg eingehend geschildert werden, daß

---

\* Hugo Moser: In: Deutsche Wortgeschichte. Bd. 2. Berlin ²1959. S. 456–458.
\*\* Winfried B. Lerg: Die Entstehung des Rundfunks in Deutschland. Frankfurt a. M. ²1970.

in Deutschland der Funkverkehr mit wesentlich größere Restriktionen zu rechnen hatte, als dies z. B. in den Vereinigten Staaten der Fall war. Allerdings gab es auch dort hinsichtlich des Sendebetriebes ein Genehmigungsverfahren und die entsprechenden gesetzlichen Bestimmungen. Die Radio Acts von 1912 und 1927 findet man z. B. in der Geschichte des amerikanischen Rundfunkes von E. Barnouw.* Frei war und ist auch heute noch der Empfang und damit das Aufstellen und der Betrieb eines Rundfunkempfangsgerätes. In Deutschland aber war man bestrebt, das sich anbietende Mittel eines Funkverkehrs so in den Griff zu bekommen, daß hoheitliche Rechte, insbesondere solche der Reichspost, gewahrt blieben. Es ging wesentlich um das Postregal, ein Hoheitsrecht des Deutschen Reiches, das dem Reichspostministerium übertragen war, ein Beförderungsrecht. Es wurde allerdings mit sicherheits- und wirtschaftspolitischen Flankierungsmaßnahmen ausstaffiert. Andererseits war man durchaus bestrebt, die Funktelegraphie (um diese handelte es sich zunächst; eine Funktelephonie war technisch noch nicht weit genug entwickelt) für öffentliche Verkehrszwecke zur Verfügung zu stellen. Nach längeren Verhandlungen und Zwischenstationen, die bei Lerg dargestellt werden, kam es Anfang 1919 zur Bildung einer besonderen Abteilung für Funktelegraphie im Reichspostamt. Zum Leiter dieser Abteilung wurde als Ministerialdirektor Dr. Hans Bredow (1879–1959) berufen.

Bredow machte sich alsbald daran, die Nachrichtenagenturen und die Presse für die Verwendung der Funktelegraphie zu interessieren. Lerg gibt an, daß Bredow das Wort Rundfunk nachweislich bei einer Besprechung mit Journalisten und Verlegern im Reichspostministerium am 22. Dezember 1919 verwendet hat.** Diese Besprechung hatte die »Verwendung der Funktelegraphie für Zwecke der Presse« zum Thema. Die

---

* Erik Barnouw: A Tower in Babel. A History of Broadcasting in the United States. Bd. 1–3. New York 1966–1970; hier Bd. 1, S. 291 ff.
** Vgl. Winfried B. Lerg: a. a. O., S. 20. Nähere Angaben über den Teilnehmerkreis ebenda, S. 326.

...aschinenschriftliche Niederschrift ist auch heute noch vorhanden.\* Ein Vergleich dieses Textes mit einem Aufsatz von Bredow, den dieser unter dem Titel »Verwendung der Funktelegraphie für das Pressewesen« in der *Elektrotechnischen Zeitschrift*\*\* veröffentlicht hatte, zeigt, daß es sich um eine wörtliche Wiedergabe der erwähnten Niederschrift handelt. Allerdings wird in dem Zeitschriftenaufsatz die Besprechung im Reichspostministerium nicht erwähnt. Bredow stellt hier unter anderem fest: »Um zunächst die für einen umfangreichen Presseverkehr nötigen technischen Unterlagen zu schaffen, ist von der Reichstelegraphenverwaltung bereits ein Probeverkehr eingerichtet worden u. zw.: 1. seit Anfang d. J. durch Verbreitung eines Sammelberichtes über die Verhandlungen der Nationalversammlung (Natfunk); 2. seit mehreren Monaten durch Verbreitung von mehreren Telegraphenbureaus zur Verfügung gestellten Nachrichten an ihre Bezieher (Rundfunk). Die ausgesandten Nachrichten werden vorläufig von den Funkempfangsanlagen der Reichstelegraphenverwaltung in 16 größeren deutschen Städten aufgenommen und von dort den Nachrichtenagenturen und Zeitungen zugeführt; 3. Verbreitung von Nachrichten der Außenhandelsstelle des Auswärtigen Amtes an die Handelskammern.«

Dies dürfte der erste Nachweis des Wortes Rundfunk in einer allgemein zugänglichen gedruckten Quelle sein. Um was für einen »Rundfunk« handelte es sich aber hierbei? Einmal handelte es sich um die Verbreitung von Nachrichten mittels Funk*telegraphie*, die nur durch besonders ausgebildetes Personal aufgenommen werden können und zum anderen handelt es sich nicht um Nachrichten »an alle«. Es ging auch nicht um das, was heute das publizistische Medium Rundfunk ausmacht, auch wenn von räumlich verstreuten Einzelempfängern und von einem Empfangsnetz im ganzen Reich die Rede

---

\* in: Akten Funkdienst, Bd. 1–3 des Auswärtigen Amtes im Politischen Archiv des Auswärtigen Amtes.
\*\* Hans Bredow: Verwendung der Funktelegraphie für das Pressewesen. In: Elektrotechnische Zeitschrift, Bd. 41 (1920) S. 75–77.

ist. Vielmehr ging es deutlich um das Medium Nachrichtenagenturen, jene publizistische Einrichtung zur Sammlung, Bearbeitung und Wiederverbreitung von Nachrichten und Berichten. Die Verwendung der Funktelegraphie (und später auch der Funktelephonie) für dieses Zuliefermedium der Presse (und der Wirtschaft) stand zur Diskussion, jedoch noch nicht einmal die Idee des Mediums Rundfunk. [...]
Der Begriff Rundfunk dürfte sicherlich als Betriebsjargon entstanden sein, vielleicht auch im Zusammenhang mit dem behördlichen Sprachgebrauch, wie er sich z. B. in Bezeichnungen wie Runderlaß, Rundverfügung niederschlägt.
Man kann in diesem Zusammenhang auch auf einen etwas früher erschienenen Aufsatz von Hermann Thurn (1877 bis 1932) verweisen, der die »Indienststellung der Funktelegraphie für öffentliche Verkehrszwecke« zum Gegenstand hat.\* Bei Thurn handelt es sich um einen engen Mitarbeiter Bredows, der 1919 noch Telegrapheninspektor war und später Ministerialrat und Mitglied des Aufsichtsrates der Reichsrundfunkgesellschaft und der Deutschen Welle wurde. In diesem Aufsatz taucht das Wort Rundfunk noch nicht auf, obwohl sonst ganz ähnliche Dinge wie in der später erschienenen Abhandlung von Bredow beschrieben werden. Es heißt in dem Aufsatz von Thurn u. a.: »... wird gleichzeitig noch ein über das ganze Reich sich erstreckendes ›Empfangsnetz‹ errichtet werden; zu diesem Zweck soll eine größere Zahl funktelegraphischer Empfangsanlagen bei Verkehrsanstalten und Privaten eingebaut werden. Das Empfangsnetz soll Nachrichtenbureaus, Handelskreisen, Schiffahrtskreisen, Wetterdienststellen und anderen Stellen Gelegenheit geben, für viele Empfänger bestimmte gleichlautende Nachrichten, die von der Reichs-Zentralstelle aus gefunkt werden, schneller als bisher zu empfangen. Nach dem Gang der technischen Entwicklung ist zu erwarten, daß für das Empfangsnetz zur Übermittlung von Pressenachrichten usw. die Nachrichtenübermittlung später mittels drahtlosen Fernsprechens

\* Hermann Thurn: Die Indienststellung der Funktelegraphie für öffentliche Verkehrszwecke. In: Elektrotechnische Zeitschrift, Bd. 40 (1919) S. 545 f.

folgen wird; nur dieses Verfahren wird der neuen Einrichtung wegen der viel billigeren Personalkosten bei den privaten Empfangsstellen einen großen Umfang geben.« »Privat« darf hier allerdings nicht als »jedermann zugänglich« verstanden werden, »privat« ist hier vielmehr als »nicht-behördlich« anzusehen. [...]

Ende 1922 waren dann aber die Dinge herangereift, die zu einer Entwicklung des Rundfunks in heutiger Sicht führen konnten, denn Thurn geht in einem Aufsatz auf Sachverhalte ein, die auf einer Pressekonferenz von Bredow am 2. September 1922 im Reichspostministerium erwähnt wurden.\* Anlaß für diese Konferenz war die Eröffnung des (gesprochenen) drahtlosen Wirtschaftsrundspruchdienstes, den nur eine sehr begrenzte Zahl von Teilnehmern abhören durfte. Hierzu heißt es nun bei Thurn: »Während dieser drahtlose Telephoniedienst in Deutschland von größter wirtschaftlicher Bedeutung ist, hat sich in den Vereinigten Staaten eine besondere Art von drahtlos telephonischer Verbreitung entwickelt, die teilweise noch Spielerei ist. Fabrikanten drahtloser Empfangsapparate verbreiten im Interesse ihres Verkaufsgeschäftes von einer großen Zahl von Sendestationen aus täglich drahtlos Musik, Vorträge, Predigten usw. und stellen es allen Besitzern von Empfangsapparaten frei, mitzuhören. Da auch die Zahl der privaten Funksendeanlagen in letzter Zeit erheblich zugenommen hat, ist heute in Amerika der ernsthafte drahtlose Handels- und Regierungsverkehr sehr gefährdet, so daß die amerikanischen Behörden-Vertretungen mangels geeigneter gesetzlicher Bestimmungen nunmehr dazu übergegangen sind, die amerikanischen Gesetze dahin zu ergänzen, daß dem Handelsminister Vollmacht erteilt werden soll, die Errichtung und den Betrieb privater Funkstellen wirksam zu überwachen. In Deutschland würde die allgemeine Freigabe von Funkapparaten an private Interessenten dazu führen, daß der gesamte deutsche Funkverkehr (Reichsfunkdienst, Blitzfunkverkehr, Wirtschaftsdienst usw.) mit einem

---

\* Hermann Thurn: Der drahtlose Telephoniedienst in Deutschland. In: Elektrotechnische Zeitschrift, Bd. 43 (1922) S. 1363 f.

Schlage erledigt wäre; dieser umfangreiche öffentliche Funkverkehr muß unbedingt gegen Telegrammdiebstahl gesetzlich geschützt werden. Hier soll jedoch nicht gesagt sein, daß die Reichs-Telegraphenverwaltung der Einführung eines ›Broad-Casting‹ in Deutschland unbedingt ablehnend entgegenstände; die Verwaltung ist vielmehr bemüht, diese Entwicklung in die richtigen Bahnen zu leiten und unter gewissen technischen Vorbedingungen Privaten die Errichtung von Funkempfangsapparaten für bestimmte Zwecke zu genehmigen. Hinsichtlich der geplanten weiteren Entwicklung wies Staatssekreätr Bredow in seinem obengenannten Vortrag darauf hin, daß bereits Vereinbarungen getroffen seien, nach denen es möglich sein wird, den bereits eingerichteten telephonischen Rundspruch noch weiter auszubauen und der Allgemeinheit zugänglich zu machen. Über diese weitere Entwicklung führte er folgendes aus: ›Es soll vor allen Dingen weitesten Kreisen des Volkes gute Unterhaltung und Belehrungsmöglichkeiten in der Weise verschafft werden, daß mittels des drahtlosen Telephons allen Bevölkerungsschichten und nicht nur den Wohlhabenden, die sich den Luxus eines eigenen Empfängers erlauben können, ermöglicht wird, Vorträge künstlerischer, wissenschaftlicher und sozialer Art auf drahtlosem Wege zu hören. Die Durchführung ist so gedacht, daß in Berlin und einigen anderen Großstädten von einer Besprechungsstelle die über das ganze Reich verbreiteten Telephonapparate bedient werden, u. zw. derart, daß an mehreren Tagen der Woche von der Hauptfunkstelle Königswusterhausen bei Berlin für das ganze Reichsgebiet, an den übrigen Tagen von den Bezirkssendern aus für die einzelnen Länder und Bezirke gesprochen wird. Als erste Stufe ist beabsichtigt, an allen Orten, in denen das Interesse vorhanden ist, in einer Schulaula oder einem sonst geeigneten Raume einen drahtlosen Empfangsapparat mit Lautsprecher aufzustellen und die durch die drahtlosen Empfangsstellen aufgenommenen Vorträge usw. so zu verstärken, daß sie einer größeren Zuhörerschaft zu Gehör gebracht werden können. Die technischen Vorarbeiten sind bereits so weit gefördert, daß im

...inter 1922 die Inbetriebnahme eines solchen Dienstes beginnen kann. Als weitere Stufe kommt die Abgabe von Empfangsapparaten zum Mithören auch an Einzelbezieher in Frage. Mit Rücksicht auf die Finanzlage des Reiches ist die Telegraphenverwaltung selbst nicht in der Lage, für die Durchführung der neuen Aufgabe Mittel aufzuwenden, sondern beabsichtigt diesen Dienst einem privaten Unternehmen zu überlassen. Eine der Eildienst GmbH nahestehende Studiengesellschaft ›Deutsche Stunde für drahtlose Belehrung und Unterhaltung‹ ist bereits gebildet und hat sich bereit erklärt, auf eigene Kosten vorerst in 10 Städten einen Versuch durchzuführen, um zu prüfen, ob der geschilderte Gedanke bei der Bevölkerung den gewünschten Anklang findet und in einem entsprechenden Besuch der Vorführungen zum Ausdruck kommt. [...]«

Der »Deutsche Unterhaltungs-Rundfunk« eröffnete am 29. Oktober 1923 sein Programm mit einem von 20.00 bis 21.00 dauernden Unterhaltungskonzert auf der Welle 400 m. Dabei muß man sicherlich die Pressekonferenz vom 2. September 1922 und das Erscheinen der ersten Nummer des *Deutschen Rundfunk* in einem engen Zusammenhang sehen; das Blatt war postamtlich empfohlen.

Das Wort Rundfunk hatte jetzt eine feste Begriffsbestimmung und es bleibt eigentlich nur noch nachzutragen, wieweit es sich gegenüber dem auch weit verbreiteten Begriff Radio durchsetzte. Hinweise zur Klärung dieser Frage findet man beispielsweise in der *Zeitschrift des Deutschen Sprachvereins*, in deren Jahrgang 1924 eine Fülle von Zitaten aus Zuschriften in Tageszeitungen und Fachzeitschriften zusammengetragen sind, ob es nun Radio oder Rundfunk, Funkamateur oder Funkfreund heißen soll.[*]

Von amtlicher Seite wurde, offenbar auf Betreiben Bredows, dieser Diskussion 1924 ein Ende gesetzt durch die Verfügung Nr. 418 *Fachausdrücke des Funkdienstes*, die im *Amtsblatt des Postministeriums* veröffentlicht wurde.[**] In dieser Ver-

---

[*] Vgl. Zeitschrift des Deutschen Sprachvereins, Bd. 39 (1924) Sp. 55, 56, 76, 94.
[**] Amtsblatt des Postministeriums, Nr. 65 vom 4. Juli 1924.

fügung heißt es: »Die anliegende ›Zusammenstellung d{...}
Fachausdrücke des Funkdienstes‹ ist im Benehmen mit den i{...}
Betracht kommenden Behörden und Funkbetriebsgesellschaften bearbeitet worden. Die Fachausdrücke sind hinfort-
an allgemein im dienstlichen Verkehr anzuwenden. Es ist ferner bei jeder Gelegenheit in geeigneter Weise darauf hinzuwirken, daß die Ausdrücke auch bei den Kreisen, die heute
noch an ihrer Stelle Ersatzwörter gebrauchen, Eingang finden. Den in Betracht kommenden Reichsbehörden, den Lan-
desbehörden, denen das Unterrichtswesen untersteht, den
großen Funkfirmen, den Funkbetriebsgesellschaften und den
Fachverbänden wird die Zusammenstellung diesseits über-
sandt werden.« [...]

Verfügung 418 ist dann im Jahre 1926 durch Verfügung 393
ergänzt worden.* In ihr heißt es: »Die bisherige Bezeichnung ›Unterhaltungsrundfunk‹ wird durch die Bezeichnung
›Rundfunk‹ ersetzt.« Es kann hier noch erwähnt werden, daß
der *Große Duden* von 1930 das Verb »rundfunken« kennt**,
das sich auch nicht durchgesetzt hat.

Bredow erwähnt in seinen Erinnerungen, daß die Einführung
des Wortes Rundfunk zuerst auf große Schwierigkeiten stieß,
denn die Presse, die Industrie und die Amateure bevorzugten
das zwar wohlklingende, aber für Deutsche nichtssagende
amerikanische Kunstwort Radio.*** So ganz vermeiden ließ
sich aber die Verwendung des Wortes Radio auch für Bredow
nicht, denn in einer Weihnachtsansprache an das amerikanische Volk im Dezember 1924, die als Tondokument erhalten
ist, sagt er: »Radio ist in Deutschland gerade in einer Zeit der
tiefsten seelischen und wirtschaftlichen Not wie ein befreien-
des Wunder begrüßt worden. Zum ersten Mal seit der Erfindung der Buchdruckerkunst durch den Deutschen Guten-
berg ist eine neue Möglichkeit geschaffen, geistige Güter

---

\* Amtsblatt des Reichspostministeriums, Nr. 70 vom 17. August 1926.
\*\* Der Große Duden. Rechtschreibung der deutschen Sprache und der Fremd-
wörter. Leipzig ¹⁰1930, 2. verb. Neudruck.
\*\*\* Hans Bredow: Im Banne der Ätherwellen. Bd. 2. Stuttgart 1956. S. 166.
Über den Ursprung des Wortes Radio vgl. Helmut Drubba: On the Origin of
the Word »Radio«. In: Proceedings of the IRE, Bd. 50 (1962) S. 1995 f.

...chzeitig Ungezählten zu übermitteln, und es ist verständ-
..., daß der nach geistiger Nahrung hungernde Teil der
Menschheit sich in Massen zum Radio drängt.«* Es wäre sehr
kleinlich, hier nun Bredow bei der Verwendung des Wortes
Radio ertappt zu finden. Das Wort Rundfunk war einfach zu
neu, um in einer ins Ausland gehenden Sendung auch für die
dort Deutsch verstehenden Hörer verwendet zu werden.

### 1.2. Bericht des Reichspostministers über die Einführung des Rundfunks (1923)

I. Das Reichspostministerium hat der drahtlosen Telephonie in Deutschland ein weiteres Anwendungsgebiet erschlossen.

Die erste öffentliche Indienststellung des drahtlosen Telephons erfolgte in größerem Umfange mit dem vor Jahresfrist von mir eröffneten »drahtlosen Wirtschaftsrundspruchdienst«, dessen Zweck schon durch den Namen gekennzeichnet ist.

Nunmehr ist der »Unterhaltungs-Rundfunk« ins Leben getreten, dessen Hauptaufgaben folgende sind:

1. Er soll weitesten Kreisen des Volkes gute Unterhaltung und Belehrung durch drahtlose Musik, Vorträge und dergl. verschaffen.
2. Er soll dem Reich eine neue wichtige Einnahmequelle erschließen.
3. Durch die neue Einrichtung soll dem Reich und den Ländern die Möglichkeit gegeben werden, an große Kreise der Öffentlichkeit nach Bedarf amtliche Nachrichten auf bequeme Weise zu übermitteln; durch letzteres ist ein Weg beschritten, der für die Staatssicherheit von Bedeutung werden kann.

Rücksichten der Staatssicherheit fordern, daß eine Überwachung darüber besteht, daß nur solche Landesbewohner Apparate im Besitz und im Betrieb haben, die nach den

---

* Hans Bredow: Weihnachtsansprache an das amerikanische Volk, Dezember 1924. Deutsches Rundfunkarchiv DRA C 736.

gesetzlichen Bestimmungen Funkstellen betreiben dür[..]
und ferner, daß die Inhaber von Funkempfangsapparat[e]
auch nur das aufnehmen, was für sie bestimmt ist.
Zur Förderung des Aufbaus und der Erhaltung eines derartigen Rundfunks auf gesetzlicher Grundlage sind neuerdings zwei Zeitschriften gegründet worden, nämlich *Der Deutsche Rundfunk* (Verlag Rothgiesser und Diesing in Berlin) und *Illustrierte Radio-Zeitung* (Radio-Verlag-AG. in München).

II. Außerhalb dieser ordnungsgemäßen Verkehrseinrichtung ist eine Bewegung entstanden, die gegen das Regal des Reichs planmäßig vorgeht; sie wird von Leuten geleitet, die am Massenabsatz von Funkgerät unmittelbar oder mittelbar interessiert sind und die erreichen wollen, daß der Funkempfang ganz allgemein zu beliebigen Zwecken freigegeben wird. Hierdurch würde – neben sonstigen Nachteilen – nicht nur die Einnahmequelle für das Reich zerstört, sondern auch die Gefährdung des öffentlichen Telegraphengeheimnisses sowie die Gefahr des Mißbrauchs bei Putschen und Unruhen gegeben sein. Die Vorkämpfer dieser neuen Bewegung heben besonders hervor, daß viele Menschen an technischen Spielereien Vergnügen finden und daß man es ihnen nicht verwehren dürfte, sich solche Funkempfangsgeräte zu beschaffen usw. Es wird ganz offen dafür Propaganda gemacht; es werden ganze Funkempfangsapparate sowie auch Einzelteile angeboten; es wird gezeigt, wie man solche Einrichtung selbst herstellen kann und wie man sie durch die Art des Aufbaus verbirgt und der Überwachung entzieht. Alles das geschieht in einer Form, gegen die gesetzlich einstweilen nur sehr schwer und nur unter Bekämpfung jedes Einzelfalls eingeschritten werden könnte.
Im Sinne dieser bedenklichen Bewegung wird seit einigen Wochen eine neue Zeitschrift *Der Radio-Amateur* herausgegeben, und zwar hat sich der bekannte Verlag von Julius Springer in Berlin in den Dienst der Sache gestellt und sie finanziert. Ich habe den Inhaber des Verlags rechtzeitig darauf aufmerksam gemacht, daß sich das Unternehmen gegen

chtige Reichsinteressen richtet, und ihm dabei vollen Einblick in die Absichten der Verwaltung gegeben. Ich habe alsdann an ihn das Verlangen gestellt, die neue Zeitschrift so zu verwenden, daß sie nicht eine Bewegung fördert, die gegen die Interessen des Reichs gerichtet ist und auf einer gesetzlich so unsicheren Unterlage beruht. Der Verlag hat ein Zusammengehen mit dem Reichspostministerium in diesem Sinne indes abgelehnt und beharrt auf seiner Haltung, die in den ersten Nummern des *Radio-Amateur* sowie in dem im gleichen Verlage erschienenen *Handbuch für den Radio-Amateur* [Verfasser: Dr. Eugen Nesper] unverhüllt in Erscheinung tritt. Die gleichen Bestrebungen vertritt das vor kurzem im Frankschen Verlag in Stuttgart erschienene Buch von Hanns Günther [Pseudonym für: W. de Haas] und Dr. Franz Fuchs, das – abgesehen von einer Reihe reichlicher Unrichtigkeiten über die Stellungnahme der Reichstelegraphenverwaltung – zur Gesetzesübertretung anreizt.

Ich möchte nicht verfehlen, von der vorstehenden Sachlage Kenntnis zu geben, und spreche die Bitte aus, einerseits dem neuen Verkehrszweig und den Zeitschriften *Der Deutsche Rundfunk* und *Illustrierte Radio-Zeitung* auch das dortige Interesse zuzuwenden sowie andererseits auf die zu II geschilderten Bestrebungen mit zu achten und jedenfalls dem *Radio-Amateur* und seinen Hintermännern sowie den Büchern von Günther und Fuchs keinerlei Unterstützung angedeihen zu lassen.

## 1.3. Richtlinien über die Regelung des Rundfunks (1926)

Mit der fortschreitenden Entwicklung des Rundfunks ergab sich die staatspolitische Notwendigkeit, Maßnahmen zu treffen, um eine politisch oder kulturell mißbräuchliche Ausnutzung der rundfunktechnischen Möglichkeiten zu verhindern.

Die rechtliche Handhabe hierzu bot das Gesetz über das Telegraphenwesen des Deutschen Reichs vom 6. April 1892

(Reichsgesetzbl. S. 467) in Verbindung mit dem Gesetz betreffend die Abänderung dieses Gesetzes, vom 7. März 1908 (Reichsgesetzbl. S. 79) und der Verordnung zum Schutz des Funkverkehrs vom 8. März 1924 (Reichsgesetzbl. I, S. 273). Hiernach dürfen Funkanlagen nur mit Genehmigung der Reichstelegraphenverwaltung errichtet oder betrieben werden. Die Reichsregierung war damit in der Lage, die Zulassung des Rundfunkbetriebes von Bedingungen abhängig zu machen, die sie zur Wahrung politischer und kultureller Belange für zweckmäßig und erforderlich hielt. Im Rahmen dieser Bedingungen wurde im Zusammenwirken mit den Ländern zur politischen und kulturellen Überwachung der Rundfunkdarbietungen folgende Regelung getroffen:

## I. Die politische Überwachung des Rundfunks

1. Nach Artikel 2 Ziffer 2 der den Rundfunkgesellschaften erteilten Genehmigung ist der Nachrichten- und Vortragsdienst der Rundfunkgesellschaften nach bestimmten »Richtlinien« auszuführen (Anlage 1). An der Spitze der Richtlinien steht der Satz, daß der Rundfunk keiner Partei dient, ein Nachrichten- und Vortragsdienst daher streng überparteilich zu gestalten ist. Zur Sicherstellung der Überparteilichkeit ist angeordnet, daß die Rundfunkgesellschaften nur solche politischen Nachrichten verbreiten dürfen, die ihnen von einer hierzu von der Reichsregierung bestimmten Nachrichtenstelle zugeleitet werden. Die Rundfunkgesellschaften brauchen die Nachrichten dieser Stelle nicht restlos zu übernehmen. Es ist ihnen aber untersagt – von Lokalnachrichten und den sogenannten »Auflagenachrichten« (Ziffer 5 und 6 der Richtlinien) abgesehen –, andere politische Nachrichten zu bringen als solche, die ihnen die Nachrichtenstelle vermittelt hat.

2. Zur Nachrichtenstelle im Sinne der Richtlinien hat die Reichsregierung die Drahtloser Dienst A.-G. in Berlin bestimmt. 51 v. H. der Aktien dieser Gesellschaft befinden sich in den Händen des Reichs, die restlichen 49 v. H. vertei-

n sich auf den Reichsverband der Deutschen Presse, die Verleger Scherl und Mosse, Wolff's Telegraphisches Büro und die Telegraphen-Union. Die Gesellschaft ist gemeinnützig. Dem Aufsichtsrat gehören zwei Vertreter der Reichsregierung, acht Vertreter der Landesregierungen, sieben Abgeordnete des Reichstags und des Preußischen Landtags, acht Vertreter der Minderheitsaktionäre und ein Vertreter der Rundfunkgesellschaften an. Die Gesellschaft hat den Rundfunkgesellschaften gegenüber das Recht, sich über die Abwicklung der von ihr vermittelten Nachrichten laufend berichten zu lassen, auch den Wortlaut in der verbreiteten Fassung anzufordern (Ziffer 8 der Richtlinien). Weitergehende Überwachungsrechte stehen ihr als Nachrichtenstelle nicht zu.

3. Die allgemeine politische Überwachung der Rundfunkdarbietungen der einzelnen Rundfunkgesellschaft ist den sogenannten politischen Überwachungsausschüssen übertragen. Artikel 3 Ziffer 1 der Genehmigung bestimmt darüber folgendes:

Zur Überwachung des Nachrichten- und Vortragsdienstes der Gesellschaft, der Innehaltung der Richtlinien und zur Entscheidung über alle mit der Programmgestaltung zusammenhängenden politischen Fragen wird ein Überwachungsausschuß eingesetzt. Er besteht in der Regel aus drei Mitgliedern, von denen eines vom Reich, die anderen von der zuständigen Landesregierung bestimmt werden. Die Anstellung des für die Programmgestaltung verantwortlichen Vorstandsmitglieds bedarf seiner Genehmigung. Bei Verstoß gegen die Richtlinien oder Nichtbefolgung seiner Anweisungen hat der Überwachungsausschuß das Recht, die Abberufung dieser Persönlichkeit zu verfügen. Die Mitglieder des Überwachungsausschusses müssen in den Aufsichtsrat der Gesellschaft gewählt werden.

Die sonstigen Aufgaben und Befugnisse der Mitglieder der Überwachungsausschüsse sind in den der Genehmigung beigefügten »Bestimmungen für den Überwachungsausschuß der Sendegesellschaften« geregelt (Anlage 2).

## II. Die kulturelle Überwachung des Rundfunks

Nach Artikel 3 Ziffer 2 der Genehmigung ist bei jeder Gesellschaft zur Mitwirkung an der Gestaltung des Programms hinsichtlich der Darbietungen auf dem Gebiete von Kunst, Wissenschaft und Volksbildung ein Beirat zu bestellen. Seine Mitglieder werden nach Anhörung der Gesellschaft von der zuständigen Landesregierung oder der von ihr benannten Stelle im Benehmen mit dem Reichsministerium des Innern berufen. Das Nähere über die Aufgaben der Beiräte ist aus den als – Anlage 3 – angeschlossenen »Bestimmungen über den kulturellen Beirat der Sendegesellschaften« ersichtlich.

---

Anlage 1: Richtlinien für den Nachrichten- und Vortragsdienst der Sendegesellschaften

1. Der Rundfunk dient keiner Partei. Sein gesamter Nachrichten- und Vortragsdienst ist daher streng überparteilich zu gestalten.
2. Die Gesellschaft erhält, soweit in den Ziffern 5 und 6 nichts anderes vorgesehen ist, die von ihr zu verbreitenden Nachrichten durch Vermittlung einer vom Reich bestimmten Stelle, nachstehend Nachrichtenstelle genannt.
3. Die von der Nachrichtenstelle als »Auflagenachrichten« bezeichneten Nachrichten müssen unverzüglich, unverkürzt, unverändert und unentgeltlich verbreitet werden.
4. Unter den übrigen durch die Nachrichtenstelle vermittelten Nachrichten steht der Gesellschaft die Auswahl frei. Sie ist berechtigt, die Wortfassung dieser Nachrichten abzuändern und zu kürzen, jedoch darf dadurch der Sinn der Nachricht nicht geändert werden.
5. Die Gesellschaft ist verpflichtet, außer den Auflagenachrichten der Nachrichtenstelle (Ziffer 3) auch solche Nachrichten unverzüglich, unverkürzt, unverändert und unentgeltlich zu verbreiten, die ihr mit dieser Auflage von den zuständigen Landesregierungen oder der von ihnen benannten Stelle zugeleitet werden.

Die Gesellschaft kann unpolitische Nachrichten, wie insbesondere Sport-, Wetter- und Wirtschaftsnachrichten, auch von anderen Stellen beziehen. Sie kann ferner lokale Nachrichten aus ihrem Bezirk verbreiten, aber immer unter Wahrung der Richtlinie 1.

7. Die Bestimmungen in Ziffer 3 und 5 finden auf Vorträge entsprechende Anwendung.

8. Die Gesellschaft hat der Nachrichtenstelle über die Abwicklung der von dieser vermittelten Nachrichten und Vorträge laufend zu berichten und ihr auf Anfordern den Wortlaut in der verbreiteten Fassung mitzuteilen.

9. Die Vermittlung der Nachrichten und Vorträge durch die Nachrichtenstelle erfolgt zu den Selbstkosten der Nachrichtenstelle zuzüglich eines Pauschals, das die Verwaltungskosten der Nachrichtenstelle deckt. Bei dem Abschluß von Verträgen der Nachrichtenstelle mit Nachrichtenbüros ist, soweit es sich um die Preisfestsetzung handelt, die Gesellschaft zu beteiligen. Dasselbe gilt für die Feststellung des Pauschals. Kommt eine Einigung nicht zustande, so entscheidet ein Schiedsgericht, das aus je einem Vertreter beider Teile und einem gemeinschaftlich von ihnen gewählten Vorsitzenden besteht.

Erläuterungen zu 3, 5 und 7:

Reich und Länder sind darüber einig, daß als Auflagenachrichten und -vorträge nur amtliche, von einer obersten Reichs- und Landesbehörde ausgehende oder genehmigte Nachrichten und Vorträge in Frage kommen.

Anlage 2: Bestimmungen für den Überwachungsausschuß der Sendegesellschaften

1. Der Überwachungsausschuß wählt aus seinen Mitgliedern einen Vorsitzenden und einen stellvertretenden Vorsitzenden.

2. Der Überwachungsausschuß hat sich über die Darbietungen der Gesellschaft zu unterrichten. Er kann zu diesem

Zwecke von dem Vorstand und Redakteur jede ihm erforderlich erscheinende Auskunft verlangen und selbst oder durch einzelne seiner Mitglieder die Bücher und Schriften der Gesellschaft einsehen.

3. Die Gesellschaft ist verpflichtet, sich in allen politischen Fragen der Programmgestaltung mit dem Überwachungsausschuß in Verbindung zu setzen und seine Entscheidung abzuwarten.

4. Die Gesellschaft hat die bei ihr eingehenden Beschwerden über politische Darbietungen dem Überwachungsausschuß zur Kenntnis zu bringen.

5. Die Gesellschaft hat das Programm der Darbietungen den Mitgliedern des Überwachungsausschusses laufend einzureichen und auf Anfordern auch Inhaltsangabe und Wortlaut der Darbietungen mitzuteilen. Von wesentlichen Programmänderungen ist der Vorsitzende des Überwachungsausschusses unverzüglich in Kenntnis zu setzen.

6. Der Überwachungsausschuß ist berechtigt, gegen das Programm oder Teile davon Einspruch zu erheben, soweit es sich nicht lediglich um Fragen der Kunst, Wissenschaft und Volksbildung handelt.

Dieses Einspruchsrecht erstreckt sich nicht auf die der Gesellschaft von der Nachrichtenstelle und den Landesregierungen übermittelten Auflagenachrichten und Vorträge im Sinne der Ziffer 3, 5 und 7 der Richtlinien für den Nachrichten- und Vortragsdienst. Hat ein Mitglied des Überwachungsausschusses gegen die Verbreitung einer solchen Darbietung Bedenken, so teilt er dies den im Überwachungsausschuß vertretenen Regierungen unverzüglich mit. Bis zur Entscheidung unterbleibt die Verbreitung.

7. Der Überwachungsausschuß tritt nach Bedarf auf Einladung des Vorsitzenden oder auf Antrag eines Mitglieds zusammen. Ort und Zeit bestimmt der Vorsitzende. Die Gesellschaft hat auf Verlangen einen Versammlungsraum unentgeltlich zur Verfügung zu stellen.

8. Der Überwachungsausschuß ist beschlußfähig, wenn zwei

glieder anwesend sind. Bei Stimmengleichheit entscheidet Stimme des Vorsitzenden.

In dringenden Fällen kann der Vorsitzende des Überwachungsausschusses, sofern eine rechtzeitige, gegebenenfalls telephonische Verständigung mit den übrigen Mitgliedern nicht möglich ist, selbst eine Entscheidung treffen, hat diese hiervon aber umgehend zu benachrichtigen.

Anlage 3: Bestimmungen über den kulturellen Beirat der Sendegesellschaften

1. Der Beirat besteht aus mindestens drei, höchstens sieben Mitgliedern. Die Berufung der Mitglieder erfolgt widerruflich auf ein Jahr. Wiederberufung ist zulässig.
2. Der Beirat wählt aus seinen Mitgliedern einen Vorsitzenden und einen stellvertretenden Vorsitzenden.
3. Der Beirat hat die Gesellschaft hinsichtlich ihrer Darbietungen aus Kunst, Wissenschaft und Volksbildung zu beraten und zu überwachen. Er ist berechtigt und verpflichtet, Vorschläge für die Gestaltung des Programms zu machen. Die Gesellschaft kann Angelegenheiten der Programmgestaltung der Begutachtung des Beirats unterbreiten.
4. Der Beirat tritt auf Einladung des Vorsitzenden nach Bedarf zusammen. Ort und Zeit bestimmt der Vorsitzende. Die Gesellschaft hat auf Verlangen einen Versammlungsraum unentgeltlich zur Verfügung zu stellen.
5. Die Gesellschaft ist verpflichtet, den Beirat zu allen grundlegenden Sitzungen über die Programmgestaltung einzuladen. Welche Sitzungen als grundlegend anzusehen sind, unterliegt der näheren Vereinbarung zwischen dem Vorsitzenden des Beirats und der Gesellschaft. Bei mangelnder Einigung entscheidet die zuständige Landesregierung.
6. Die Gesellschaft hat das Programm der Darbietungen laufend den Mitgliedern des Beirats einzureichen und dem Vorsitzenden des Beirats, soweit es sich auf Darbietungen auf dem Gebiet der Kunst, Wissenschaft und Volksbildung bezieht, auf Anfordern auch Inhaltsangabe und Wortlaut der

Darbietungen mitzuteilen. Von wesentlichen Programmänderungen ist der Vorsitzende des Beirats unverzüglich Kenntnis zu setzen.

7. Der Beirat ist berechtigt, gegen das Programm oder Teile davon Einspruch zu erheben. Der Einspruch bedarf eines förmlichen Beschlusses und ist zu begründen. Die Gesellschaft hat dem Einspruch stattzugeben.

8. Der Beirat ist beschlußfähig, wenn mindestens drei Mitglieder anwesend sind. Die Mehrheit der abgegebenen Stimmen entscheidet.

9. Der Beirat gibt sich eine Geschäftsordnung.

10. Der Beirat hat darauf zu achten, daß Parteipolitik bei den Darbietungen ausgeschaltet bleibt. In Zweifelsfällen hat er sich mit dem Überwachungsausschuß der Gesellschaft rechtzeitig in Verbindung zu setzen.

11. Die Tätigkeit des Beirats ist ehrenamtlich. Bare Auslagen sind den Mitgliedern von der Gesellschaft zu erstatten.

12. Das Reichsministerium des Innern und die zuständigen Landesregierungen sind berechtigt, sich in den Sitzungen des Beirats durch je einen Vertreter vertreten zu lassen. Die Vertreter haben alle Rechte der Mitglieder des Beirats, außerdem auch die in Nr. 6 vorgesehenen Rechte des Vorsitzenden des Beirats. Sie sind zu allen Sitzungen des Beirats einzuladen.

## 1.4. Hans Flesch:
### Die kulturellen Aufgaben des Rundfunks (1926)

Dem Redner, dem das Thema gestellt wird, über kulturelle Aufgaben des Rundfunks zu sprechen, kann vor der Fragestellung leicht bange werden, denn seitdem der deutsche Rundfunk besteht, seit nunmehr 2½ Jahren, ist über wenig Probleme und Fragen, die mit ihm in Zusammenhang stehen, mehr geschrieben und gesprochen worden als über seine kulturelle Mission, ja man kann sagen, daß es kaum ein Wort gibt, das zum Rundfunk häufiger in Beziehung gesetzt wurde als das Wort »Kultur«: Der Rundfunk als Kultur-Faktor, sein kulturelles Wollen, sein kultureller Einfluß, die kulturelle Krise, ja endlich die kulturelle Schädigung durch den Rundfunk: das sind alles so gewohnte Klänge, das hört und liest man so oft, daß man unwillkürlich zurückscheut, wenn man sich mit diesen Begriffen befassen soll. [...]

Betrachtet man rückblickend die Entwicklung, die die deutschen Rundfunkprogramme seit Anfang durchgemacht haben, so kann man ganz bestimmte Perioden unterscheiden. In der allerersten Zeit läßt sich, wenn das Wort Richtung hier angebracht ist, von einer instrumentalen oder experimentellen Richtung sprechen. Ein völlig neues Instrument wurde dem Leiter in die Hand gegeben. Niemand kannte etwas von diesem Instrument als seine physikalischen Formeln und seine rein tatsächlichen Auswirkungen. Dem Publikum gegenüber genügte das an und für sich völlig. Der Hörer war dankbar für jeden Ton, für jedes Wort, das er vernahm, gleichgültig, was und wie er es vernahm, wenn er nur Empfang hatte. Es darf zur Ehre des deutschen Rundfunks gesagt werden, daß keine Station diese Dankbarkeit des Publikums ausgenutzt hat, sondern daß vom ersten Tage an überall versucht wurde, den Darbietungen Form und Inhalt zu geben. Eine selbstverständliche Folge der bald einsetzenden schnellen Ausdehnung war, daß zunächst einmal im Sinne des Spruches: »Wer vieles bringt, wird manchem etwas bringen« zuviel getan wurde. Das Bestreben, möglichst vielseitig zu sein, schadete bisweilen der Qualität, aber bald besann man sich darauf, daß gerade von der Stelle aus, die den Rundfunk technisch ins Leben gerufen hatte, von Anfang an betont worden war, daß das Niveau entscheidend sei, und man wandte sich wieder von der Ausdehnung dem Inhalt des Programms zu. Damit begann nun die zweite Periode, die gekennzeichnet ist durch die Suche nach einer Rundfunkkunst. Man sollte sich nicht damit begnügen, möglichst gute Darbietungen zu bringen. Man sah, daß der im Anfang des Rundfunks leider so viel ausgesprochene und geschriebene Satz, wonach der Rundfunk ein Bequemlichkeitserhöher sei, ein Apparat, der einem den Weg in den Konzertsaal oder gar das Theater erspare und die dort zu erwartenden Genüs[se] bequem im Klubsessel präsentiere, nicht stimmte; ma[n] erkannte, daß die unmittelbare künstlerische Wirkung nicht nur einer Oper im Opernhause, sondern auch eines Orchesters und eines Streichquartetts nur im Konzertsaal zur vollen Entfaltung kommen könnte, daß in dieser künstlerischen Wirkung noch ein unbestimmtes Etwas liegen müsse, das durch den vollkommensten Rundfunkapparat nicht herausgeholt werden könne. Diese Erkenntnis, die den Rundfunk von den törichten Beschuldigungen der Konkurrenz befreite, war nicht immer leicht zu finden und trieb folgerichtig auf die Bahn der Suche nach einer eigenen Rundfunk-Kunst. So wie Paul Wegner einst dem Kinematographen dadurch, daß er ihm Arteigentümlichkeit gab, die kein Theaterersatz mehr sein sollte und war, etwas wie eine eigene Kunst gegeben hatte, so suchte man nun nach dem gleichen rundfunk-eigentümlichen Kunstwerk, das kein Konzert- und Schauspielersatz mehr sein sollte. Es ist bis auf den heutigen Tag noch nicht gefunden worden, und alle Versuche, die gemacht worden sind, befriedigten nicht restlos. Diese Erkenntnis schadet dem Rundfunk nicht, im Gegenteil, sie hebt ihn, sie setzt ihn gewissermaßen auf ein eigenes Postament, und sie bezeichnet schließlich den dritten Weg, auf dem das Rundfunkprogramm zur Zeit zu gehen scheint: auf dem Wege des Rundfunks als Vermittler. Hier liegt seine eigentliche große Aufgabe.

Wenn wir eben davon sprachen, daß eine Rundfunk-Konzert-Übertragung einen Konzertbesuch nicht ersetzen könne, so heißt das nicht, daß er kein Konzert übertragen soll oder auch nur, daß die Übertragung für den Konzertsaal gedachter Werke für den Rundfunk nicht wichtig wäre. Im Gegenteil, überall da, wo die Arbeit eines Senders dazu dient zu vermitteln, kennenzulernen, einerlei, ob es sich hierbei um Wissenschaft, Literatur und Musik handelt, liegt sein Betätigungsfeld.

Hierin sind auch seine Grenzen gegeben. Wenn er auf wissenschaftlichen Gebieten vermittelt, so ist er sich dessen bewußt, er damit nicht die Lehre von Mund zu Ohr ersetzen kann. Wenn er also Funkhochschulen gründet, Fortbildungskurse einrichtet, Unterricht erteilt, denkt er gar nicht daran, damit – um ein möglichst drastisches Beispiel zu geben –, die Universität veröden lassen zu wollen oder den Besuch von Fortbildungskursen irgendwelcher Institutionen zu ersetzen. Er kann und will nur anregen. Hierin liegt eine seiner Hauptaufgaben: in der Anregung. Er greift verschiedene Gebiete heraus, die er für besonders geeignet hält, und veranlaßt den Hörer, sich selber nach Anhören damit zu beschäftigen. Diese Einstellung bewahrt ihn vor dem Vorwurf, seinen Hörern eine allgemeine oberflächliche und chaotische Bildung eintrichtern zu wollen. Sie bringt ihn auch andererseits dazu, daß er nicht in den Fehler verfällt, sich seinen Hörern, die abends von der Arbeit müde nach Hause kommen, als trockener Schulmeister aufzuspielen. Und hier kommt seine weitere Aufgabe: die der Unterhaltung. Der Rundfunk will und soll unterhalten; es fragt sich nur was man unter Unterhaltung versteht. So wie der körperliche Arbeiter nach des Tages Mühen seine Erholung nicht nur im ruhigen Sitzen, sondern auch im Sport findet, so kann auch der Geist, der am Tage angestrengt ist, ausgeruht werden, auch wenn er sich mit Höherem als mit Schlagern und Gassenhauern befaßt. Hier das richtige Maß zu finden, hier unterhaltend zu sein, ohne auf der einen Seite der Bequemlichkeit im Menschen nachzulaufen, ohne auf der anderen Seite in Geisteshochmut und Snobismus zu verfallen, ist die Kunst des Programmleiters.

Wenn wir schließlich noch eine Richtung erwähnen, die im deutschen Rundfunk zum Glück nie als gewollte Richtung anzusprechen war, obwohl sie naheliegt und insbesondere vor zwei Jahren als das Gegebene erschien, so ist diese eine Möglichkeit des Rundfunks, die wir als sensationelle Richtung bezeichnen wollen. Die ungeheuren Möglichkeiten hierzu liegen auf der Hand, sie sind auch bisweilen ausgenutzt worden, sie werden zur Zeit ausgenutzt und sollen auch in den richtigen Grenzen ausgenutzt werden. In richtigen

Grenzen, das bedeutet nicht philiströses und überheblic[hes]
Maßhalten, das bedeutet nicht ein paar Brocken Speck, m[it]
denen der Rundfunkteilnehmer wie eine Maus gefangen we[r]
den soll, sondern das heißt in den Grenzen, in denen de[r]
gesunde und natürliche Mensch die Sensation will und
braucht. Hierzu rechnet auch der Rundfunk als aktueller Berichterstatter.
Herr Staatssektretär Dr. Bredow hat die Erfindung des
Rundfunks mit der der Buchdruckerkunst verglichen. Dieser
Vergleich besteht völlig zu Recht; auch bei der Buchdruckerkunst handelt es sich ja um nichts anderes als um die Erfindung eines Mediums, mit dessen Hilfe geistige und künstlerische Produktionen schnell verbreitet werden können. Aber
wenn die Buchdruckerkunst vor dem Rundfunk voraus hat,
daß man ihre Produktion schwarz auf weiß besitzt und
getrost nach Hause tragen kann, so hat der Rundfunk den
Vorteil nicht nur der noch schnelleren Verbreitungsmöglichkeit, sondern vor allem den der *lebendigen Vermittlung*. Hier
spricht ein Mensch zum andern, und der andere hat das
Gefühl, hier lebt jemand mit mir. Das ist die Grundlage, auf
der die höchste und wichtigste Wirkung des Rundfunks aufgebaut ist, auf der menschlichen Verbindung zwischen dem,
der am Sender steht, und dem, der zu Hause hört, und hier
liegt die Wurzel zu dem erstrebenswerten Endzweck des
Rundfunks: zu einem Zusammengehörigkeitsgefühl, zu
einer Verbundenheitsidee der Millionen, die dem Rundfunk zuhören. Wenn der Rundfunk, bei dem es keine Politik gibt, bei
dem es keine Klassen gibt, es fertigbringt, jedem seiner Hörer
Freund und Vertrauter zu sein, so wird er vielleicht auch
erreichen, daß der eine Hörer sich dem anderen näher fühlt
durch den gemeinsamen Freund. Hierin sehen wir die höchste Idee des Rundfunks: die Erhöhung des allgemeinen
Zusammengehörigkeitsgefühls. Dieser Idee soll das Programm dienen, aber nicht nur das Programm allein, die Erreichung dieses Zieles liegt für den Rundfunk noch auf ganz
anderem Wege, abseits von Mikrophon und Senderaum. Er
kann den Hörer auch außerhalb seines Hauses führen, mit

…n anderen zusammenbringen, um durch gemeinschaftliche …ertvolle Beschäftigung in der Freizeit des Hörers, wie beispielsweise durch gemeinsame verbilligte Theaterbesuche, Konzertbesuche, durch Führungen durch Museen u. a. m. das Verbundenheitsgefühl unter den Hörern zu stärken. Vorbedingung ist dazu ein Zusammengehen der ganzen Sendegesellschaften, und hierfür erblicken wir in der Gründung der Reichs-Rundfunk-Gesellschaft einen außerordentlich wichtigen Schritt.

Zum Schluß sei noch auf eins hingewiesen. Die elektrischen Wellen machen nicht vor Deutschlands enggezogenen Grenzen halt. Sie gehen darüber hinaus, sie werden im Ausland gehört und geben ein Bild des geistigen und künstlerischen Lebens Deutschlands oder – wie man ihn richtig sagen kann – deutscher Kultur. Ich brauche nicht aufzuführen, welche Wirkungen das haben kann; es genügt, darauf hinzuweisen, daß durch diese Tätigkeit der Rundfunk den oft mißverstandenen und als Schlagwort behandelten Namen eines Kulturfaktors wirklich verdient.

So ist der Rundfunk als Kind der Technik, als Produkt der Zivilisation vor ein hohes und wichtiges Ziel gestellt. Ob dieses Ziel je erreicht werden wird, wird die Zeit lehren. Daß daran mit allen Kräften von sämtlichen deutschen Sendern gearbeitet wird, können wir versichern. Was vom Rundfunk verlangt werden muß, das ist, daß er geradewegs auf sein Ziel lossteuert, Irrtümer werden nicht ausbleiben. In den Mitteln wird oft fehlgegriffen werden, das ist durch die Unzulänglichkeit menschlichen Geistes bedingt. Wir können nichts tun, als auf den Erfolg hoffen und die Versicherung geben, daß wir unsere ganzen Kräfte daransetzen werden, um jene Stärkung der Zusammengehörigkeitsidee, des Verbundenheitsgefühls in Deutschland zu erreichen, worin wir die große Kulturaufgabe des Rundfunks erblicken.

## 1.5. Carl Severing:
### Rundfunk-Reformvorschläge (1929)

#### 1. Reichs-Rundfunk-Gesellschaft

Die Reichs-Rundfunk-Gesellschaft ist die zentrale Trägerin des Rundfunkwesens. Sie verwaltet die Aktienmehrheit des Reiches im Auftrage des Reichspostministeriums bei sämtlichen Rundfunkgesellschaften und übt infolgedessen in allen wichtigen Fragen (Finanzgebarung, Besetzung der leitenden Verwaltungsposten) den entscheidenden Einfluß aus.
Obwohl die politischen und kulturellen Fragen vom Reichsinnenministerium bearbeitet werden, ist dieses Ministerium in den entscheidenden Körperschaften der Reichs-Rundfunk-Gesellschaft nicht vertreten, vielmehr dominiert dort das Reichspostministerium. Es ist daher zu fordern:
a) Entsendung von Vertretern des Reichsinnenministeriums in den Verwaltungsrat der Reichs-Rundfunk-Gesellschaft in der gleichen Anzahl wie durch das Reichspostministerium.
b) Entsprechende Vertretung in der Gesellschafterversammlung. Bei der Benennung von Vertretern sind auch geeignete Persönlichkeiten aus den Kreisen der Arbeiterschaft zu berücksichtigen.
c) Heranziehung von Vertretern der Arbeiterschaft bei der Besetzung von wichtigen Verwaltungsposten in der Geschäftsführung der Reichs-Rundfunk-Gesellschaft.

#### 2. Überwachungsausschuß und Kulturbeiräte

Eine engere Fühlungnahme beider Körperschaften ist zweckmäßig und kann ihren Ausdruck darin finden, daß die Vorsitzenden beider Ausschüsse an den Sitzungen beider Körperschaften teilnehmen. Während die Befugnisse der Überwachungsausschüsse in den einschlägigen Bestimmungen klar geregelt sind und sich im allgemeinen bewährt haben, bedürfen die Bestimmungen über die Kulturbeiräte der Ergänzung im Sinne einer Erweiterung der Rechte dieser Körperschaf-

Grundsätzlich ist zu fordern, daß die Kulturbeiräte für die Programmregelung der einzelnen Sender und aller damit zusammenhängenden Fragen zuständig und verantwortlich sein müssen. Die Initiative der Rundfunkdirektion braucht damit in keiner Weise eingeengt zu werden, aber ihre Tätigkeit muß sich nach den von den Kulturbeiräten für die Programmgestaltung aufgestellten Richtlinien richten, ebenso müssen die Kulturbeiräte die Stellen sein, die über alle Einsprüche gegen Programmentscheidungen befinden.

Etwaige Fachausschüsse, die für die Bearbeitung wichtiger Programmangelegenheiten gebildet werden, müssen ihre Tätigkeit im Einvernehmen mit den Kulturbeiräten ausüben.

Zu den Mitgliedern der Kulturbeiräte sind in stärkerem Umfang Persönlichkeiten des Volksbildungswesens und der Arbeiterschaft heranzuziehen. Die ausschließliche Berufung von wissenschaftlichen und anderen Fachleuten erscheint nicht zweckmäßig, zudem können Fachleute, auf deren wertvolle Mitarbeit natürlich nicht verzichtet werden soll, von Fall zu Fall zur Mitarbeit herangezogen oder in Fachausschüsse berufen werden.

Die Bestimmungen über die Kulturbeiräte könnten durch die folgende Formulierung ergänzt werden, die nach Punkt 3 dieser Bestimmungen einzufügen sind.

»Die Tätigkeit von Fachausschüssen und ständigen Mitarbeitern sowie die Heranziehung der im Rundfunk wirkenden Kräfte (Künstler und Vortragende) durch die Gesellschaft regelt sich nach bestimmten vom Beirat hierfür aufgestellten Grundsätzen. Über Beschwerden, die sich auf die Programmgestaltung in Bezug auf Kunst, Wissenschaft und Volksbildung und die Heranziehung und Ablehnung von Künstlern und Referenten beziehen, ist im Beirat fortlaufend zu berichten. Seinen Entscheidungen hat die Gesellschaft Rechnung zu tragen.«

Der letzte Satz in Absatz 3 der Bestimmungen über die Kulturbeiräte ist wie folgt zu ändern: »Die Gesellschaft hat alle Angelegenheiten der Programmgestaltung der Begutachtung des Beirates zu unterbreiten.«

## 3. Zensur

Ein Abbau der geltenden Zensurpraxis, insbesondere soweit es sich um die Einreichung fertiger Manuskripte handelt, ist anzustreben. Bei Referenten, die nicht genügend bekannt sind oder das erste Mal im Rundfunk sprechen, ist das Anfordern des Manuskriptes wohl kaum zu entbehren, ebenso bei Themen, die sich auf das politische Gebiet begeben. Aber bei Persönlichkeiten von anerkanntem wissenschaftlichem Ruf oder solchen, die wiederholt im Rundfunk gesprochen haben und damit eine gewisse Gewähr bieten, daß sie sich der Verantwortlichkeit als Rundfunkredner bewußt sind, dürfte es genügen, wenn statt des Manuskriptes zusammenfassende Leitsätze über den Vortrag eingereicht werden.

## 4. Sonstige Forderungen

a) Heranziehung der Kulturbeiräte zu allen Sitzungen des Programmrates sowie der Überwachungsausschüsse in solchen Fragen, in denen es sich um politische oder Zensurangelegenheiten handelt.
b) Berufung von Mitarbeitern aus den Kreisen der werktätigen Bevölkerung sowohl als hauptamtliche Mitarbeiter in der Verwaltung des Rundfunks wie als ehrenamtliche Berater oder als Mitglieder von Fachausschüssen.
c) Gleichstellung der Feierstunde für Werktätige mit den kirchlichen Morgenfeiern und Aufhebung aller Bestimmungen, die den werktätigen Massen das Recht auf Rundfunkveranstaltungen, die ihrer Weltanschauung entsprechen, streitig machen. Auch Ansprachen, die sich im Rahmen dieser Veranstaltungen halten, sind grundsätzlich freizugeben.
d) Stärkere Aktualisierung des Rundfunks, Förderung des demokratisch-republikanischen Staatsgedankens. Durchführung von Veranstaltungen, die dem Zeitgeist entsprechen und aktuelle Probleme dem Verständnis der Hörer erschließen, wobei die parteipolitische Neutralität durch Heranziehung von Rednern verschiedener Richtungen durchaus gewahrt werden kann.

### 5. Reichsrundfunkgesetz

Zur einheitlichen Regelung aller einschlägigen Fragen ist ein Reichsrundfunkgesetz zu fordern mit der Tendenz, den Rundfunk seines heutigen Charakters als eines gemischtwirtschaftlichen Betriebes zu entkleiden und in eine gemeinnützige Einrichtung des demokratischen Volksstaates unter parlamentarischer Kontrolle umzuwandeln.
Bis zum Erlaß eines Reichsrundfunkgesetzes ist grundsätzlich der Aufkauf der in Privatbesitz befindlichen Aktien der Rundfunkgesellschaften durch die öffentliche Hand zu fordern.

### 6. Herabsetzung der Rundfunkgebühren

Eine Herabsetzung der Rundfunkgebühren (Staffelung) ist mit allem Nachdruck zu fordern. Ebenso sind Erwerbslosen, Altersrentnern und anderen Bedürftigen die Gebühren zu erlassen. Anzustreben ist ferner die gemeinnützige Beschaffung der Apparatur.

## 1.6. *Richtlinien für den Rundfunk (1932)*

Die Rundfunkgesellschaften gestalten ihre Sendungen selbständig und unter eigener Verantwortung im Rahmen der folgenden Richtlinien:
1. Der deutsche Rundfunk dient dem deutschen Volke. Seine Sendungen dringen unablässig in das deutsche Haus und werden in der ganzen Welt gehört. Dieser Einfluß auf Volk und Familie und die Wirkung im Ausland verpflichten die Leiter und Mitarbeiter zu besonderer Verantwortung.
2. Der Rundfunk arbeitet mit an den Lebensaufgaben des deutschen Volkes. Die natürliche Einordnung der Menschen in Heimat und Familie, Beruf und Staat ist durch den deutschen Rundfunk zu erhalten und zu festigen. Der Rundfunk spricht darum die Hörer nicht nur als Einzelmenschen, sondern auch als Glieder dieser natürlichen Ordnungen des Volkes an.

3. Der deutsche Rundfunk wahrt christliche Gesinnung und Gesittung und die Achtung vor der ehrlichen Überzeugung Andersdenkender. Was das Christentum entwürdigt und Sitte und Kultur des deutschen Volkes gefährdet, ist vom Rundfunk ausgeschlossen.

4. Der Rundfunk dient allen Deutschen innerhalb und außerhalb der Reichsgrenzen. Er verbindet die Auslandsdeutschen mit dem Reiche und läßt die innerdeutschen Hörer am Leben und Schicksal der Auslandsdeutschen teilnehmen. Die Pflege des Reichsgedankens ist Pflicht des Rundfunks.

5. Der Rundfunk nimmt an der großen Aufgabe teil, die Deutschen zum Staatsvolk zu bilden und das staatliche Denken und Wollen der Hörer zu formen und zu stärken.

6. Die verehrungswürdigen, aus der Vergangenheit des deutschen Volkes und des Deutschen Reiches überlieferten Kräfte und Güter sind in der Arbeit des Rundfunks zu achten und zu mehren. Der Rundfunk hat das Verständnis für die besonderen Bedingungen und Bedürfnisse der Gegenwart zu pflegen und zu vertiefen.

7. Aufgabe aller Sender ist es, das Gemeinsame und Ganze der Lebensgemeinschaft des deutschen Volkes zu pflegen. Die Landessender gehen dabei von den landsmannschaftlichen Besonderheiten ihres Sendebereichs aus und vermitteln auch das reiche Eigenleben der deutschen Stämme und Landschaften.

Aus diesen allgemeinen Zielsetzungen ergeben sich für die Sendungen folgende Grundsätze:

1. Der Rundfunk achtet bei allen Darbietungen darauf, daß die *deutsche Sprache* als unmittelbare Lebensäußerung des Volkes und als Ausdruck des deutschen Wesens richtig und rein, würdig und klar gesprochen wird. Er pflegt die deutsche Sprache auch in ihren Mundarten. Der Rundfunk ist durch seine weite Wirkung besonders berufen, das deutsche Volk mit seinen Dichtern zu verbinden. Er ist zu getreuer und vorbildlicher Wiedergabe ihrer Werke verpflichtet. Maßgebend für die Auswahl ist der Wert der Dichtungen für das Innenleben deutscher Menschen.

Der Rundfunk pflegt gute *Musik*. Er sendet solche Werke, die wegen ihres künstlerischen Gehalts der Verbreitung würdig sind. Die Schöpfungen deutscher Meister bilden den Kern musikalischer Sendungen. Die Sendung soll den Hörer zu einer innerlich tätigen Aufnahme gewinnen. Auf die volkserzieherische Aufgabe ist auch bei der Auswahl und Ausführung der Unterhaltungsmusik zu achten.

3. Die *Vorträge* sollen den Hörern die Teilnahme am Gesamtleben unseres Volkes ermöglichen und ihnen helfen, ihre Berufs- und Standespflichten als verantwortliche Mitarbeit am Wohl des Ganzen aufzufassen. Berichte über das geistige Leben sollen keine volksfremde Geistigkeit vermitteln und nicht nur Wissen an sich vermitteln. Sie sollen vielmehr geistige Selbstzucht, sachliches Denken, innere und äußere Lebenserfahrung und Urteilsfähigkeit der Hörer fördern und ihnen durch Darstellung anderer Arbeits- und Lebenskreise die Zusammengehörigkeit aller Deutschen bewußt machen. Vorträge über das Wirtschaftsleben und zur Fortbildung einzelner Berufsgruppen haben den Zusammenhang mit dem Leben des ganzen Volkes und vor allem mit seiner Arbeitswelt deutlich zu machen. Einseitige Werbung für Sondergruppen ist unzulässig. Der Schulfunk unterstützt die Erziehungs- und Bildungsaufgaben der deutschen Schule. Er ergänzt auf seine Weise ihre Arbeit und verbindet sie mit dem Leben in Staat und Volk.

4. Der Rundfunk macht die Hörer auch mit den für Deutschland wertvollen Leistungen anderer Völker bekannt.

5. Darbietungen, die der *Unterhaltung* und Erholung dienen, nehmen im Rundfunk mit Recht einen breiten Raum ein. Hierbei sollen Heiterkeit, Humor, Witz zur Geltung kommen. Das Volkstümliche in Musik, Spiel, Brauch, Fest und Feier ist zu bevorzugen. Ohne ängstliche Scheu vor gesunder Sinnenfreude und natürlicher Derbheit ist die Grenze gegen das Gemeine und Verdorbene zu wahren. Bei allen Darbietungen ist zu beachten, daß sie überall im Lande und auch in der Familie gehört werden; was im Kreis der Familie als anstößig empfunden werden muß, ist zu vermeiden.

6. Die verantwortliche Teilnahme an der *Politik* als der Sorge für das Gesamtwohl des Volkes setzt das Wissen um unsere große und besondere Geschichte voraus. Darum soll der Rundfunk die Hörer über das Werden des deutschen Volkes und des Deutschen Reichs unterrichten und das Gefühl für deutsche Ehre stärken. Der Rundfunk stellt die Hörer in sachlicher Weise vor die politische Wirklichkeit und sucht ihnen aus der Fülle der Spannungen in unserem Volke das Große und Einigende deutlich zu machen. Die Fragen der Zeit werden so behandelt, daß das Wohl des Ganzen gewahrt bleibt. Der Rundfunk dient keiner Partei. Politische Gegenstände sind sachlich zu behandeln. Werbung von Parteien und Bekämpfung von Parteien sind nicht zugelassen. Bestrebungen, die den Bestand des Staates gefährden können, sind vom Rundfunk ausgeschlossen. In außenpolitischen Fragen ist der deutsche Standpunkt würdig zu vertreten. Verletzende oder herabsetzende Äußerungen über andere Völker und Staaten haben zu unterbleiben.

## 1.7. Bertolt Brecht:
### Rede über die Funktion des Rundfunks (1932)

[...] Und um nun positiv zu werden, das heißt, um das Positive am Rundfunk aufzustöbern, ein Vorschlag zur Umfunktionierung des Rundfunks: Der Rundfunk ist aus einem Distributionsapparat in einen Kommunikationsapparat zu verwandeln. Der Rundfunk wäre der denkbar großartigste Kommunikationsapparat des öffentlichen Lebens, ein ungeheures Kanalsystem, das heißt, er wäre es, wenn er es verstünde, nicht nur auszusenden, sondern auch zu empfangen, also den Zuhörer nicht nur hören, sondern auch sprechen zu machen und ihn nicht zu isolieren, sondern ihn in Beziehung zu setzen. Der Rundfunk müßte demnach aus dem Lieferantentum herausgehen und den Hörer als Lieferanten organisieren. Deshalb sind alle Bestrebungen des Rundfunks, öffentlichen Angelegenheiten auch wirklich den Charakter der

Öffentlichkeit zu verleihen, absolut positiv. Unsere Regierung hat die Tätigkeit des Rundfunks ebenso nötig wie unsere Rechtspflege. Wo sich Regierung oder Justiz einer solchen Tätigkeit des Rundfunks widersetzen, haben sie Angst und sind eben nur für Zeiten geeignet, welche vor der Erfindung des Rundfunks liegen, wenn nicht sogar vor der Erfindung des Schießpulvers. Ich kenne sowenig wie Sie die Verpflichtungen etwa des Reichskanzlers, es ist Sache des Rundfunks, sie mir klarzumachen, aber zu diesen Verpflichtungen des obersten Beamten gehört es, regelmäßig durch den Rundfunk die Nation von seiner Tätigkeit und der Berechtigung seiner Tätigkeit zu unterrichten. Die Aufgabe des Rundfunks allerdings erschöpft sich nicht damit, diese Berichte weiterzugeben. Er hat überdies hinaus die Einforderung von Berichten zu organisieren, das heißt die Berichte der Regierenden in Antworten auf die Fragen der Regierten zu verwandeln. Der Rundfunk muß den Austausch ermöglichen. Er allein kann die großen Gespräche der Branchen und Konsumenten über die Normung der Gebrauchsgegenstände veranstalten, die Debatten über Erhöhungen der Brotpreise, die Dispute der Kommunen. Sollten Sie dies für utopisch halten, so bitte ich Sie, darüber nachzudenken, warum es utopisch ist.

Was immer der Rundfunk aber unternimmt, sein Bemühen muß es sein, jener *Folgenlosigkeit* entgegenzutreten, die beinahe alle unsere öffentlichen Institutionen so lächerlich macht.

Wir haben eine folgenlose Literatur, die sich nicht nur bemüht, selber keine Folgen zu haben, sondern sich auch alle Mühe gibt, ihre Leser zu neutralisieren, indem sie alle Dinge und Zustände ohne ihre Folgen darstellt. Wir haben folgenlose Bildungsinstitute, die sich ängstlich bemühen, eine Bildung zu vermitteln, welche keinerlei Folgen hat und von nichts die Folge ist. Alle unsere ideologiebildenden Institutionen sehen ihre Hauptaufgabe darin, die Rolle der Ideologie *folgenlos* zu halten, entsprechend einem Kulturbegriff, nach dem die Bildung der Kultur bereits abgeschlossen ist und Kultur keiner fortgesetzten schöpferischen Bemühung bedarf. Es soll hier nicht untersucht werden, in wessen Interesse diese Institutionen folgenlos sein sollen, aber wenn eine technische Erfindung von so natürlicher Eignung zu entscheidenden gesellschaftlichen Funktionen bei so ängstlicher Bemühung angetroffen wird, in möglichst harmlosen Unterhaltungen *folgenlos* zu bleiben, dann erhebt sich doch ununterdrückbar die Frage, ob es denn gar keine Möglichkeit gibt, den Mächten der Ausschaltung durch eine Organisation der Ausgeschalteten zu begegnen. Jeder kleinste Vorstoß auf dieser Linie müßte sofort einen natürlichen Erfolg haben, der weit über den Erfolg aller Veranstaltungen kulinarischen Charakters hinausgeht. Jede Kampagne mit deutlicher Folge, also jede wirklich in die Wirklichkeit eingreifende Kampagne, die als Ziel die Veränderung der Wirklichkeit hat, wenn auch an Punkten bescheidenster Bedeutung, etwa bei der Vergebung öffentlicher Bauten, würde dem Rundfunk eine ganz andere unvergleichlich tiefere Wirkung sichern und eine ganz andere gesellschaftliche Bedeutung verleihen als seine jetzige rein dekorative Haltung. Was die auszubildende *Technik* aller solcher Unternehmungen betrifft, so orientiert sie sich an der Hauptaufgabe, daß das Publikum nicht nur belehrt werden, sondern auch belehren muß. [...]

## 1.8. *Winfried B. Lerg: Thesen zum Rundfunk in der Weimarer Republik (1965)*

Seine neugewonnene publizistische Bedeutung läßt den demobilisierten Funk zwischen Kaiserreich und Republik zum Streitobjekt innerpolitischer Machtgruppen werden. Mit einem personalpolitischen Schachzug wird zum erstenmal ein Problem der Funkorganisation gelöst, und zwar in durchaus herrschaftlicher Tradition. Jede genossenschaftliche Organisationsform, für die unter der neuen Verfassung durchaus Platz ist, scheitert nun an dem Mißtrauen in die republikanischen Freiheiten ebenso wie alle Versuche, das Nachrichtenmittel in den Kreis der übrigen publizistischen

Mittel einzubringen. Die Furcht vor umstürzlerischen Aktionen, vor allem von kommunistischer Seite, liefert die Schlagworte, um jegliche Art öffentlichen Interesses am Funk mit harten Bestimmungen auszuschließen. Diese Haltung wird noch bei der Rundfunkplanung wirksam. Vorkehrungen zur Staatssicherheit lassen publizistische Konstituanten völlig außer acht. Was allein gelingt, ist, wiederum eine staatspublizistische Verwendung zu finden für eine monopolistisch konzentrierte und protegierte Wirtschaftsberichterstattung. Es bedeutet für den Funk zunächst einen Schritt zurück aus der Publizität heraus in den Bereich halbamtlicher Nachrichtenübermittlung an wenige, bekannte und bestimmte Empfänger.

Die Entstehung des Rundfunks ist nur in der Projektion auf diesen Vorgang, auf dieses publizistische Modell zu verstehen. Die Überlegungen seiner Gründer bewegen sich mit allen Vorbereitungen in einem vorpublizistischen Feld, um sich dann bei der Ausführung mit der Erkenntnis der publizistischen Relevanz des neuen Funkdienstes, am Scheideweg zwischen Vertrauen oder Mißtrauen in demokratische Prozeduren und in die politische Mündigkeit der Bürger für die einfache, aller legitimistischen Hemmschuhe ledige, obrigkeitsstaatliche Lösung zu entscheiden. Technik und Wirtschaft als Lebensadern des Rundfunks liegen fest in den Händen des Hoheitsträgers.

Der vornehmlich reproduktive Programmteil unterliegt einem Überwachungssystem, dessen Personalstruktur nicht parlamentarischen, sondern eher herrschaftlichen Vorstellungen entspricht. Ein Vertretungsmodus für die Beteiligung der industriellen Massengesellschaft in einer Demokratie wird nicht gefunden; vielmehr setzen sich die Zensurorgane zusammen, als gelte es die höchst konservative Honoratiorengesellschaft eines scheinkonstitutionellen Untertanenstaates zu repräsentieren. Noch stärker treten diese Züge bei den Kontrollorganen für den produktiven Programmteil, die eigentlich publizistischen Sendungen, hervor. Das wichtigste innenpolitische Staatsorgan richtet dem Rundfunk das Nachrichtenbüro ein, dessen Organisation und Aufsichtsgremien unter der zusätzlichen Belastung des Problems Unitarismus-Föderalismus Ausmaße annehmen, die keine aktuelle Berichterstattung zulassen. Das Zeitgeschehen findet im Rundfunk keinen Partner. Das gesellschaftliche Zwiegespräch unterbleibt. Die Nachricht fällt der Politik zum Opfer – nicht die Politik ist im Weimarer Rundfunk tabu, sondern die Publizistik; sie ist nichts weiter als Nachrichtenpolitik des Staates als Kommunikator. Er allein ist frei in der Wahl seiner exekutiven Mittel; er vermag seinen Willen durchzusetzen, seine Stimme allgegenwärtig zu machen, um seine Meinungen mit der Programmauswahl für das sozial und psychologisch wirksamste Massenmedium vorzubringen. Lediglich mangelnde Perfektion ist der Grund, wenn dies noch keine totale Gleichschaltung bedeutet. Sie wird erreicht, rechtzeitig unter dem ersten Präsidialkabinett mit der Rundfunkordnung von 1932. Nun bekommt der Begriff »Staatsrundfunk« alle Attribute der Selbstverständlichkeit. Publizistik in der Einbahnstraße kennzeichnet die öffentliche Leistung des deutschen Rundfunks im ersten Jahrzehnt seines Bestehens.

## 2. Im Dritten Reich

### 2.1. *Joseph Goebbels:*
*Rede vor den Rundfunkintendanten über die Aufgaben des Rundfunks im nationalsozialistischen Staat (1933)*

Ich glaube, niemand wird bestreiten wollen, daß der große geistige Durchbruch, der sich am 30. Januar in Deutschland vollzogen hat, selbstverständlich auch seine Rückwirkungen auf dem Gebiete des Rundfunks haben muß. Und es wäre illusionär und schädlich, zu glauben, daß die Methoden des Rundfunks, die bis zum 30. Januar in Deutschland stattgehabt haben, auch in die Zukunft mit hinübergerettet werden könnten. Die neue Regierung wird Mittel und Wege finden, jede Sabotage rücksichtslos auszuschalten.

Das Volk hat ein Anrecht auf den Rundfunk, es hat ein Anrecht darauf, zu erfahren, wie es in Deutschland zugeht, was die Regierung tut, was die Minister, wie der geistige Querschnitt des Zeitalters ist, was in der Wirtschaft passiert, was im öffentlichen Leben, kurz und gut: der Rundfunk hat die Pflicht, aktuell zu sein und darf dabei vor nichts zurückschrecken. Wenn man Fantasie besitzt, dann wird man schon das Experiment fertigbringen, aktuell zu produzieren, ohne langweilig zu sein. Es kommt eben darauf an, wie man etwas macht, nicht was man macht.
Die geistige Mobilmachung, die wir mit den Mitteln der öffentlichen Aufklärung betreiben wollen, ist eine der Hauptaufgaben des Rundfunks. Zu diesem Zweck ist auch das neue Ministerium gebildet worden, dessen Prinzipien schon seit 4 bis 5 Jahren fertig liegen. Das Ministerium ist auf dem Gebiet des Geistes dasselbe, was das Wehrministerium auf dem Gebiet der Waffe ist.
Der Rundfunk ist nicht dazu da, geistige Experimente auszuführen. Er ist auch nicht dazu da, dem Volke die Entwicklung selbst zu zeigen, sondern das Volk will Resultate sehen. Ich halte den Rundfunk für das allermodernste und für das allerwichtigste Massenbeeinflussungsinstrument, das es überhaupt gibt. Ich bin der Meinung, daß der Rundfunk überhaupt das Volk an allen öffentlichen Angelegenheiten teilnehmen lassen muß, daß es im Volksdasein überhaupt keinen großen Vorgang mehr geben wird, der sich auf zwei- bis dreihundert Menschen begrenzt, sondern daß daran eben das Volk in seiner Gesamtheit teilnimmt. Der Rundfunk muß der Regierung die fehlenden 48 Prozent zusammentrommeln, und haben wir sie dann, muß der Rundfunk die 100 Prozent halten, muß sie verteidigen, muß sie so innerlich durchtränken mit den geistigen Inhalten unserer Zeit, daß niemand mehr ausbrechen kann. Damit ist der Rundfunk wirklicher Diener am Volk, ein Mittel zum Zweck, und zwar zu einem sehr hohen und idealen Zweck, ein Mittel zur Vereinheitlichung des deutschen Volkes in Nord und West, in Süd und

Ost, zwischen Katholiken und Protestanten, zwischen Proletariern und Bürgern und Bauern.
Nur nicht langweilig werden. Nur keine Öde. Nur nicht die Gesinnung auf den Präsentierteller legen. Nur nicht glauben, man könne sich im Dienste der nationalen Regierung am besten betätigen, wenn man Abend für Abend schmetternde Märsche ertönen läßt. Wir huldigen nicht billigem Patriotismus, der praktisch ungefährlich geworden ist. Das, was sich heute in Deutschland vollzieht, ist etwas ganz anderes. Das ist eine nationalistische Wiedergeburt, die sich mit Elementen des Sozialismus so stark vermählt und durchtränkt hat, daß diese nationale Urform für uns kaum noch zu erkennen ist, und gar nicht verglichen werden kann mit dem, was man Patriotismus nennt. Das ist nichts Billiges, auch nichts Bequemes, es ist auch nichts, das man durch Parademärsche illustrieren könnte. Sie haben auch nicht die Aufgabe, Menschen, die an sich national sind, nun zu erwärmen, sondern Menschen, die noch nicht national sind, zu gewinnen. Wenn Sie heute nationale Kunst produzieren, dann haben Sie nicht die Aufgabe, nationale Männer zu erheitern, sondern den, der abseits steht, zu gewinnen. Sie müssen mithelfen, eine nationalistische Kunst und Kultur ans Licht der Welt zu bringen, die wirklich auch dem modernen Tempo und dem modernen Zeitempfinden entspricht. Gesinnung muß sein, aber Gesinnung braucht nicht Langeweile zu bedeuten. Die Fantasie muß alle Mittel und Methoden in Anspruch nehmen, um die neue Gesinnung modern, aktuell und interessiert den breiten Massen zu Gehör zu bringen, interessant und lehrreich, aber nicht belehrend. Der Rundfunk soll niemals an dem Wort kranken, man merkt die Absicht und wird verstimmt.
Es darf in Zukunft in Deutschland kein Ereignis von politisch-historischer Tragweite geben, woran das Volk nicht beteiligt wäre. Daß das geht, das haben wir mit dem Potsdamer Tag bewiesen. Ich habe mit dem Herrn Reichs-Rundfunk-Kommissar eine Woche vorher ausführlich gesprochen, und ich habe zu meiner Freude von allen Mitgliedern des

Kabinetts hören dürfen, daß die Wiedergabe des Potsdamer Tags musterhaft gewesen ist. Das ist auch für Sie eine Anerkennung, und ich glaube, die Anerkennung, die Ihnen das Kabinett gibt, die werden Sie auch vom kleinen Mann auf der Straße bekommen. Es wird einmal so kommen, daß kein Mensch mehr ohne Rundfunk auskommt, daß er einfach zum täglichen Bedarf gehört. Sie werden ja auch mit Freuden festgestellt haben, daß die Aktualisierung des Rundfunks, wie sie am 30. Januar eingetreten ist, nicht etwa zu einer Verminderung der Hörerzahl, sondern zu einer Vermehrung geführt hat. Ein Beweis dafür, daß das Volk das will und wünscht. Wir werden die Arbeitsmethode, die wir beim Potsdamer Tag zum ersten Male angewandt haben, weiter vervollkommnen, und ich bin der Überzeugung, in einem Jahr wird man den Rundfunk gar nicht mehr wiedererkennen.

Der Rundfunk muß eine zentrale geistige Leitung haben. Diese übernimmt die Verantwortung, damit aber auch die Machtmöglichkeit. Sie muß alles ändern können, sie muß aber dann das, was sie ändert und was sie tut und das, was sie läßt, vor der Öffentlichkeit ganz und gar verantworten.

Im Vordergrund der rundfunkpolitischen Betätigung steht der Geist, nicht die Technik. Die Technik ist ein Mittel zum Zweck. Deshalb hat man nun den Rundfunk in allen Teilen seines Betriebes in die Hand gelegt, die für sein Gesicht verantwortlich ist. Selbstverständlich hat die Reichspost auch weiterhin nicht nur das Recht, sondern sogar die Pflicht, Funktürme zu bauen. Was aber in den Häusern des Rundfunks selbst geschieht, ist Sache seiner geistigen Verwaltung.

## 2.2. Gerhard Eckert: *Volksempfänger (1941)*

Seinen stärksten Ausdruck aber fand das Zusammenwirken von technischer Verbesserung und Preissenkung in der Konstruktion von Gemeinschaftsgeräten der deutschen Rundfunk-Industrie, die unter dem Namen Volksempfänger und DAF [Deutsche Arbeitsfront]-Empfänger bekanntgeworden sind. Der Volksempfänger VE 301, eine Konstruktion d 1939 mit dem ersten nationalen Rundfunkpreis ausgezeichneten Ingenieurs Otto Grießing, erschien erstmalig auf der Rundfunkausstellung 1933 zu einem Preis von 76 Mark. Er war technisch so vollkommen, daß er mehrere Jahre unverändert bleiben konnte, und erst später wurde er zweimal in verschiedener Hinsicht noch verbessert. Bis Juni 1939 wurden von ihm 3 379 958 Stück abgesetzt. Ihm trat 1938 der DKE, der Deutsche Kleinempfänger, zur Seite, der in erster Linie für den Empfang des Ortssenders gedacht war, aber auch Fernempfang ermöglichte und durch Verwendung der neuen Metallröhren (die Fortschritte der Röhrenkonstruktion, die für die Empfängerentwicklung in jeder Hinsicht wichtig ist, im einzelnen zu behandeln, würde zu weit in technische Fragen hineinführen) im Preis und in den Ausmaßen außerordentlich bescheiden sein konnte. Er kostete in Allstromausführung 35 Mark und erreichte im ersten Jahr eine Absatzziffer von einer Million. Der 1935 herausgekommene DAF-Empfänger (DAF 1011) hat den Zweck, in allen Betrieben einen einwandfreien Gemeinschaftsempfang sicherzustellen. Er war weniger für Fernempfang als vielmehr für lautstarken Gemeinschaftsempfang des nächsten Senders gedacht, um auch einen großen Fabriksaal oder dgl. füllen zu können. Diese politischen Gemeinschaftsgeräte haben in ihrer ganzen Konstruktionsidee und in ihren Auswirkungen auf die Zunahme der Hörerzahl bzw. die Möglichkeiten des Gemeinschaftsempfangs entscheidend dazu beigetragen, den Rundfunk als Führungsmittel in Deutschland in jeder Weise schlagkräftig zu machen. Ihre Bedeutung lag darin, daß sie den Kreis derer erheblich vergrößerten, die wirtschaftlich in der Lage waren, Rundfunkhörer zu werden. Zusammenwirkend mit der Beseitigung der Arbeitslosigkeit und der Steigerung des Volkseinkommens in den Jahren ab 1933 ergab sich so die gewaltige Teilnehmerzunahme. Gleichzeitig war ja auch noch der Kreis der Teilnehmer weiter gesteckt worden, die infolge ihrer wirtschaftlichen Lage von den Gebühren befreit wurden. So setzten auch von wirtschaftlicher Seite her e Maßnahmen ein, die eine weitgehende Erschließung Deutschlands für den Rundfunk bewirkten. »So sind heute von den fast 19 Millionen Haushaltungen des Altreichs beinahe sämtliche einkommensstarken Haushaltungen erfaßt... Die heute noch im Altreich zu gewinnenden etwa 40 % bisherigen Nichtrundfunkteilnehmer setzen sich fast ausschließlich aus einkommensschwachen Kreisen zusammen.«* Sie durch geeignete Maßnahmen ebenfalls zu gewinnen wird die Einwirkungsmöglichkeiten des Rundfunks auf das Volksganze abrunden.

### 2.3. Gerhard Eckert:
### Der Rundfunk als Führungsmittel (1941)

[...] Der nationalsozialistische Staat betrachtete von der ersten Minute an den Rundfunk als ein *Führungsmittel, das ganz selbstverständlich im Dienste des Staates und der nationalsozialistischen Weltanschauung zu stehen hat.* Es gibt nur noch eine Ausnahme. Nachdem am Sonntag, dem 12. März [1933], der Führer vor dem Mikrophon den Flaggenerlaß des Reichspräsidenten bekanntgegeben hatte und nachdem am 21. März der Tag von Potsdam mit der Reichstagssitzung in der Garnisonkirche und den Reden von Hindenburg und Hitler über den Rundfunk dem ganzen Volke nahegebracht worden war, hörte man am 23. März die letzte Reichstagssitzung, in der Vertreter oppositioneller Parteien zum Wort kamen. Der Sozialdemokrat Wels war es, der hier zum letzten Male auch über den Rundfunk den Nationalsozialismus angriff. Ihm wurde in der ersten und letzten parlamentarischen Äußerung des Führers eine Antwort zuteil, die in ihrer Schärfe und mitreißenden Kraft über den Rundfunk dem ganzen Volk nahebrachte, wie groß die Kluft zwischen dem vergangenen System und dem neuen Zeitalter war. Nachdem bis dahin über den Gedanken von Reichstagsübertragungen fast

---

* Horst Schaefer: Die wirtschaftlichen Voraussetzungen des Rundfunkempfangs. In: Handbuch des Deutschen Rundfunks, Jahrbuch 1939/40. Heidelberg 1939. S. 33 ff.

immer nur diskutiert worden war, gab es jetzt keine Reichstagssitzung mehr, die nicht übertragen worden wäre. Schon am 17. Mai 1933 war der Reichstag wieder das Forum, vor dem der Führer eine Rede zu Fragen der Außenpolitik hielt, die als Friedensrede in die Geschichte eingegangen ist. Es fällt schwer, allein aus dem Ablauf des einen Jahres 1933 die Augenblicke herauszugreifen, die für die Verbindung von Rundfunk und Politik die entscheidensten waren. Aus dem Braunen Haus in München konnte der Führer am 27. Mai zur Danziger Volkstagswahl sprechen und sich über den Rundfunk an die Danziger Bevölkerung wenden. Am 27. August fanden gleichzeitig die Tannenbergfeier und am Niederwald-Denkmal eine Saarkundgebung statt, wobei Führerreden vom Rundfunk übernommen wurden.* Selbstverständlich wurde der Rundfunk jetzt auch benutzt, um die Ereignisse des Reichsparteitags in Nürnberg über alle Sender dem deutschen Volke zu vermitteln. Vor allem aber waren es der 1. Mai und der 1. Oktober, die beiden neu geschaffenen Feiertage, die über den Rundfunk das ganze Volk zusammenführten und erstmals einen Begriff von der Bedeutung des organisierten Gemeinschaftsempfangs für die politische Willensbildung der Nation gaben.

Ein besonderer Einsatz des Rundfunks erfolgte im Zusammenhang mit dem 14. Oktober 1933, an dem der Führer in einer allein für den Rundfunk gehaltenen Rede von 40 Minuten Deutschlands Austritt aus dem Völkerbund begründete. Diesem Ereignis folgten wieder wie in allen künftigen Fällen die Übertragungen von Wahlreden der maßgebenden Persönlichkeiten aus allen großen Städten Deutschlands. Eine neuartige Form des Rundfunkeinsatzes brachte diese Wahl insofern, als zahlreiche politisch oder kulturell führende Persönlichkeiten sich in Kurzreden von wenigen Minuten Dauer an das deutsche Volk wendeten. Der Gedanke der Vierminutenredner aus der Weltkriegspropaganda der Vereinigten Staaten wurde in einer neuen Form aufgenommen.

* Diesen Stoff hat später Ottoheinz Jahn unter dem Titel »Der Flug zum Niederwald« zu einem dichterischen Hörwerk gestaltet.

zwei Formen von *Rundfunkansprachen* wurden bereits im Jahre 1933 eingeführt und haben sich seitdem unverändert erhalten: die Neujahrsansprache und die Rede zum Geburtstag des Führers am 20. April von Reichsminister Dr. Goebbels. Beide sind in Stil und Form ausgeprägte Rundfunkreden. Sie sprachen oft den Hörer geradezu persönlich an, haben nicht die Menge der Teilnehmer, sondern den einzelnen Hörer vor Augen und erzielen so ihre stets neue Wirkung.

Eine Schöpfung des Jahres 1933, die bis 1935 beibehalten wurde, war die »*Stunde der Nation*«, eine zunächst täglich, später wöchentlich erscheinende Reichssendung, die von einem politischen Thema in künstlerisch gestalteter Form getragen wurde und besonders 1933 einen bedeutsamen einenden Einfluß ausübte. Überhaupt geht von jeder für alle Hörer des Reiches gemeinsamen Sendung schon insofern eine publizistische Wirkung aus, als der Hörer sich hier in besonderer Weise als Teil der Gesamtheit, der Einheit des Volkes fühlt und Glied einer Erlebnisgemeinschaft größten Umfangs ist.

Es würde zu weit führen, auch für die folgenden Jahre alle die Ereignisse zu nennen, bei denen der Rundfunk in den Dienst der politischen Führung des deutschen Volkes gestellt wurde. Sie sind jedem Deutschen aus der Erinnerung bekannt. Allein zur Saarabstimmung brachte der Deutsche Rundfunk über 50 Reichssendungen und über 1000 Einzelsendungen, die sich sowohl an die Hörer im Altreich wie insbesondere an die im Saargebiet wendeten.* Der Rundfunk brachte alle politischen Ereignisse von der Wiederherstellung der deutschen Wehrhoheit an bis zum Abschluß des Dreimächtepaktes Deutschland–Italien–Japan usw. seinen Hörern nahe. Er leistete mit den Übertragungen von den Olympischen Spielen eine internationale Vermittlungsarbeit größten Stils. Er versäumte keinen Punkt im Werden des Großdeutschen Reiches und

---

\* Vgl. »Stimmen zum Kampf um die Saar«, als Manuskript vom Westdeutschen Gemeinschaftsdienst im »Deutschen Rundfunk« veröffentlicht. Es enthält Pressestimmen und Hörerzuschriften.

begleitete die einmarschierenden oder siegreichen deutsch[en] Soldaten in jedem Augenblick. Im Verlauf des Krieges ha[t] sich die politische Bedeutung des Rundfunks noch vervielfacht, wie schon früher verschiedentlich hervorgehoben wurde. Zwischen Front und Heimat schlug der Rundfunk immer wieder eine Brücke und vereinte das ganze Volk in neu geschaffenen Sendungen. Der lange Zeit über dem Berliner Rundfunkhaus stehende Satz: »Rundfunk heißt Miterleben« ist zur unbedingten Tatsache geworden. Der Rundfunk hat in dieser Zeit auch den Beinamen einer »Stimme der Nation« erhalten und hat das Wort des Führers nicht nur den deutschen Hörern, sondern den Menschen in aller Welt nahegebracht. Das politische Wirken des Nationalsozialismus ist untrennbar mit dem propagandistischen Einsatz des Rundfunks verbunden. Der Rundfunk schuf erst die Voraussetzungen für die neue Form einer volksverbundenen Politik, die jetzt auf allen Gebieten Tatsache wurde. *Allein der Rundfunk war imstande, eine solche gleichzeitige und zentrale Erfassung des ganzen Volkes für die aktuellen Fragen und großen politischen Entscheidungen zu erreichen.* Denn nur durch ihn konnte Tag für Tag die nationalsozialistische Weltanschauung in jedem deutschen Haus lebendig aufklingen und zum Besitz für jeden Hörer werden.

Der Führer hat einmal das Wort ausgesprochen: »Ohne Kraftwagen, ohne Flugzeug und ohne Lautsprecher hätten wir Deutschland nicht erobert.« Dieses Wort betraf den Lautsprecher als Vermittlungsglied bei der öffentlichen Versammlung, denn in der Kampfzeit stand der Rundfunk dem Führer nicht zur Verfügung. Man kann aber dennoch den Ausspruch auch auf den Rundfunk übertragen, denn es ist sicher, daß erst der Rundfunk die Voraussetzungen geschaffen hat, die zu jenem Wahlergebnis vom 10. April 1938 führten, wonach 99,1 Prozent des deutschen Volkes sich zur Politik des Führers bekannten. *Der Lautsprecher des Rundfunks ist das Symbol des Kampfes nicht um die Macht, wohl aber um die Gewinnung und Schaffung der Volksgemeinschaft geworden.* »Indem die gesamte Hörerschaft in eine Beziehung

...bracht wird zu der geheimnisvollen Atmosphäre menschlicher Spannung, der suggestiven Kraft der Rede und dem Ablauf des politischen Ereignisses, ist in dem Rundfunk eine kultische Form des Erlebens geschaffen, welche Staatsführung und Volk in einem einheitlichen Willen verbindet.«*
Das entscheidend Neue in dem politischen Einsatz des Rundfunks durch den Nationalsozialismus ist aber die Tatsache, daß die *Politik nicht gelegentlicher Inhalt des Programms, sondern Ausgangspunkt der gesamten Rundfunkarbeit ist.* Unter diesem Gesichtspunkt begnügt man sich nicht damit, eine politische Rede oder Kundgebung zu übertragen, sondern man führt auch die Gemeinschaft der Hörenden am Lautsprecher zusammen, um die Gewißheit zu haben, daß das ganze Volk auch wirklich Anteil nehmen kann. Das ermöglicht wiederum einen neuen Sendungsstil, der nicht mehr den individuellen Hörer zum Ziel zu nehmen braucht. Die politische Sendung ist der Höhepunkt der Rundfunkwirkung, auf die viele andere Sendungen abgestimmt sind. Wenn der Rundfunkwagen aufs Land fährt und in Hörberichten diesen oder jenen Volksgenossen zum Wort kommen läßt, so ist auch das ein Teil der politischen Arbeit. Die Musik in ihrem großen Anteil am Programm bildet den Hintergrund, von dem sich die politische Sendung abhebt. Aber auch die Musik kann dadurch, daß sie den Hörer zerstreut und ablenkt, eine politische Wirkung ausüben.** Alle Formen des Rundfunks und alle seine Sparten sind, unabhängig von ihrem jeweiligen Inhalt, Träger der nationalsozialistischen Weltanschauung, die in ihrer Totalität auch die Kultur nicht aus ihrem Einfluß läßt. In dieser Auffassung liegt das Revolutionäre im politischen Rundfunk des Nationalsozialismus. [...]

---

\* F. A. Six: Der politische Rundfunk. In: Der deutsche Student, Jg. 1934, Novemberheft.
\*\* Vgl. die Ansprache von Reichsminister Dr. Goebbels zum 50. Wunschkonzert für die Wehrmacht am 1. Dezember 1940, wiedergegeben in: Rundfunk-Archiv Jg. 1940, H. 12, S. 419 ff.

## 2.4. Abhörverbot für Auslandssender (1939)

### Verordnung über außerordentliche Rundfunkmaßnahmen
### Vom 1. September 1939

Im modernen Krieg kämpft der Gegner nicht nur mit militärischen Waffen, sondern auch mit Mitteln, die das Volk seelisch beeinflussen und zermürben sollen. Eines dieser Mittel ist der Rundfunk. Jedes Wort, das der Gegner herübersendet, ist selbstverständlich verlogen und dazu bestimmt, dem deutschen Volke Schaden zuzufügen. Die Reichsregierung weiß, daß das deutsche Volk diese Gefahr kennt, und erwartet daher, daß jeder Deutsche aus Verantwortungsbewußtsein heraus es zur Anstandspflicht erhebt, grundsätzlich das Abhören ausländischer Sender zu unterlassen. Für diejenigen Volksgenossen, denen dieses Verantwortungsbewußtsein fehlt, hat der Ministerrat für die Reichsverteidigung die nachfolgende Verordnung erlassen.
Der Ministerrat für die Reichsverteidigung verordnet für das Gebiet des Großdeutschen Reichs mit Gesetzeskraft:

### § 1

Das absichtliche Abhören ausländischer Sender ist verboten. Zuwiderhandlungen werden mit Zuchthaus bestraft. In leichteren Fällen kann auf Gefängnis erkannt werden. Die benutzten Empfangsanlagen werden eingezogen.

### § 2

Wer Nachrichten ausländischer Sender, die geeignet sind, die Widerstandskraft des deutschen Volkes zu gefährden, vorsätzlich verbreitet, wird mit Zuchthaus, in besonders schweren Fällen mit dem Tode bestraft.

### § 3

Die Bestimmungen dieser Verordnung gelten nicht für Handlungen, die in Ausübung des Dienstes vorgenommen werden.

## § 4

ür die Verhandlungen und Entscheidung bei Zuwiderhandlungen gegen diese Verordnung sind die Sondergerichte zuständig.

## § 5

Die Strafverfolgung auf Grund von §§ 1 und 2 findet nur auf Antrag der Staatspolizeistellen statt.

## § 6

Der Reichsminister für Volksaufklärung und Propaganda erläßt die zur Durchführung dieser Verordnung erforderlichen Rechts- und Verwaltungsvorschriften, und zwar, soweit es sich um Strafvorschriften handelt, im Einvernehmen mit dem Reichsminister der Justiz.

## § 7

Die Verordnung tritt mit ihrer Verkündung in Kraft.

Berlin, den 1. September 1939

*Der Vorsitzende
des Ministerrats für die Reichsverteidigung*
Göring
Generalfeldmarschall

*Der Stellvertreter des Führers*
R. Heß

*Der Generalbevollmächtigte für die Reichsverwaltung*
Frick

*Der Reichsminister und Chef der Reichskanzlei*
Dr. Lammers

## 2.5. Gerichtsurteile wegen der Übertretung des Abhörverbots von »Feindsendern« (1942)

### Feindsender abgehört – 3 Jahre Zuchthaus

Als der Krieg begann, wurde von der Führung des Reiches eindringlich darauf hingewiesen, daß unsere Feinde nicht nur mit Bomben und Granaten, sondern auch mit dem verderblichen und schleichenden Gift ihrer Rundfunkpropaganda kämpfen würden. Das Abhören ausländischer Sender wurde deshalb unter schwere Strafe gestellt.

Das Sondergericht Dortmund hatte sich kürzlich mit dem Angeklagten Kaspar A. aus dem Ortsteil Hillerheide zu beschäftigen, der den Einflüssen der feindlichen Hetzsender erlegen war, obgleich er ihre Nachrichten selbst nicht weiter verbreitete. In Gesprächen mit Arbeitskameraden aber ließ er doch durchblicken, daß man auf diesem Wege mehr als sonst erfahren könne. So kam der begründete Verdacht auf, A. höre Auslandssender. Dieser Verdacht wurde verstärkt durch seine zweifelhafte politische Haltung, die vor allem in einer enghérzigen konfessionellen Einstellung ihre Ursache hatte. Von der zuständigen Stelle befragt, gestand der Angeklagte sein Verbrechen ein. Auch Voruntersuchung und Beweisaufnahme erbrachten das gleiche Ergebnis. Zuerst dienten ihm der Schweizer, dann der Straßburger und Luxemburger Sender als Nachrichtenquelle, und als diese versiegten, kam London dran.

Der Staatsanwalt betonte in seinem Plädoyer, daß in Wort und Schrift immer wieder auf die Verwerflichkeit dieses Verbrechens hingewiesen wird. Trotzdem fänden sich leider noch deutsche Menschen, die glaubten, ausländische Sender böten ihnen mehr als der deutsche Nachrichtendienst und die deutsche Presse. Zu diesen gehöre auch der Angeklagte, der seit Kriegsausbruch sich des fortgesetzten Verbrechens gegen § 1 der Rundfunkverordnung schuldig gemacht habe. Wenn er auch nicht vorbestraft sei, so müsse bei der Strafzumessung doch die große Zeitspanne, über die sich das Verbrechen strecke, erschwerend ins Gewicht fallen. Zu berücksichtigen sei allerdings das Alter des Angeklagten von 58 Jahren und sein körperlicher Zustand, zwei Umstände, die ihn den Strafvollzug härter empfinden ließen. Der Staatsanwalt beantragte eine Zuchthausstrafe von drei Jahren und Aberkennung der bürgerlichen Ehrenrechte auf die gleiche Zeit.

Das Sondergericht Dortmund folgte diesem Antrage in vollem Umfange. In der Begründung wird gesagt, es sei ein Fall, wie er als fortgesetztes Verbrechen über mehrere Jahre dem Sondergericht kaum vorgekommen sei. Der Angeklagte sei ein Mann, der Zweifel gehegt habe an allem, was in Deutschland vorgehe, und der diese Zweifel durch die Feindsender bestätigt wissen wollte. Die lange Dauer der Verbrechen und der Abschreckungszweck forderten die Strenge des Gesetzes. Der Verurteilte sei nun ein Opfer von Kräften, denen er sich nicht hätte ausliefern dürfen. Da er sich außerhalb der Volksgemeinschaft gestellt hat, waren ihm für die Dauer der Strafe auch die bürgerlichen Ehrenrechte abzuerkennen.

## Zuchthaus für Rundfunksünder

Mit der endgültigen Einführung des Reichsdeutschen Rechts im Elsaß baut sich die Festsetzung des Strafmaßes bei Straftaten auf neue Voraussetzungen auf. Vordem trugen Staatsanwaltschaft und Gericht bei Vergehen und Verbrechen in weitem Maße den lokalen Verhältnissen Rechnung: Unkenntnis der gesetzlichen Bestimmungen, Mangel an Einsicht bei den Straftaten usw. Entsprechend dieser Auffassung kamen die Beschuldigten bei ernster Verwarnung noch verhältnismäßig leicht davon. Nunmehr aber werden die Bestimmungen des Gesetzes in ihrer ganzen Strenge angewandt. Die letzten Urteile des Straßburger Sondergerichts beweisen dies eindeutig.

Die 28 Jahre alte Valentine Z. aus Ruß hörte von August 1940 bis November 1941 regelmäßig zwei- bis dreimal wöchentlich ausländische Sender ab. Sie behauptete, nur vom Hörensagen gewußt zu haben, daß dies verboten sei. Weit schlimmer als das Abhören war jedoch noch der Umstand, daß die Nachrichten in ihrer Umgebung verbreitete, und zw in einem Maße, das schon an staatsfeindliche Propagand grenzt. Sie wurde wegen Rundfunkverbrechens und Verbreitung von hetzerischen Nachrichten zu zwei Jahren und drei Monaten Zuchthaus verurteilt unter Anrechnung von vier Monaten Untersuchungshaft. Ihr Gatte, der nur einige Male fremde Sender mitgehört hatte, erhielt zehn Monate Gefängnis unter Anrechnung von sechzehn Wochen Untersuchungshaft.

Dasselbe Vergehen wurde auch dem 54 Jahre alten Jacob R. aus Röschwoog zur Last gelegt. Er gestand ebenfalls, vom September bis Dezember zwei- bis dreimal wöchentlich nichtdeutsche Sender abgehört und deren Nachrichten verbreitet zu haben, obgleich ihm das Abhörverbot bekannt war. Das Sondergericht verurteilte ihn zu einem Jahr und zwei Monaten Zuchthaus.

Auch der 36 Jahre alten Frau La. aus Schweighausen wird vorgeworfen, während eines Jahres regelmäßig einen nichtdeutschen Sender abgehört zu haben. Sie will von einem Verbot nichts gewußt und sich lediglich für Musik interessiert haben. Sie wurde mit zehn Monaten Gefängnis bestraft.

In allen Fällen wurden die Empfangsgeräte eingezogen.

## Auch Jugendliche bei Rundfunkverbrechen mit Zuchthaus bestraft

Obgleich die vom Chef der Zivilverwaltung für das Abhören feindlicher Sender vorgesehenen und in einer Reihe von Fällen schon verhängten Strafen eine eindeutige Belehrung über dieses Kapitel gewesen sein sollten, standen kürzlich wieder zwei Angeklagte vor dem Luxemburger Sondergericht, die offenbar erst durch Schaden klug werden wollten. Es nutzte ihnen nun allerdings nichts mehr, daß sie sich vor dem Gericht den Anschein der Unwissenheit gaben und der eine Angeklagte sogar mit einem reichlichen Aufwand von Tränen die verspätete Einsicht demonstrieren wollte. In beiden Fällen war der Tatbestand klar und bei keinem ein Zweifel dar-

möglich, daß ein solches Vergehen in erster Linie eine
[...]ge der Gesinnung ist. Besonders augenfällig war das bei
[...]em 19 Jahre alten angeklagten Schüler Sch., der sich nicht
[...]amit begnügte, den feindlichen Sender regelmäßig abzuhö-
[...]en, sondern die Nachrichten unter seinen Mitschülern wei-
terverbreitete. Obwohl es sich um einen Jugendlichen handelte, wandte das Gericht die *Zuchthausstrafe* an, denn die
Milderungsgründe, die in dem Geständnis des Angeklagten
und seiner Jugend zu erblicken waren, reichten nicht aus, das
Vergehen als einen leichten Fall zu beurteilen. Dagegen sprachen die Gefährlichkeit und Böswilligkeit der Verbreitung
der Nachrichten in einem Kreis von Jugendlichen. Sch.
wurde zu einem Jahr und einem Monat Zuchthaus verurteilt,
wobei das Gericht bemerkte, daß in Zukunft auch jeder
Jugendliche mit einer Zuchthausstrafe rechnen muß, falls die
bisherigen Urteile nicht als Warnung hinreichten.
Der zweite Angeklagte, Johann Peter M. aus Differdingen,
wurde wegen Abhörens nicht zugelassener Sender zu einem
Jahr Zuchthaus verurteilt.

## 2.6. Joseph Goebbels: Der Rundfunk im Kriege (1941)

[...] Der deutsche Rundfunk krankt wie jedes andere öffentliche Institut an Personalmangel. Ein großer Teil seiner Spre-
cher, Techniker und Organisatoren steht bei den Propagandakompanien an der Front. Seine Musiker müssen vielfach
ihre Tätigkeit zwischen Funk, Theater, Film und Truppen-
betreuung teilen. Dazu kommt noch, daß unsere Sender in
einem Umfang *Auslandsarbeit* zu versehen haben, von dem
die deutsche Öffentlichkeit sich gar keine Vorstellung macht
und worüber aus begreiflichen Gründen auch erst nach dem
Kriege gesprochen werden kann. Wir senden augenblicklich
in über 30 Sprachen in fremde Länder. Die von Berlin und
seinen nachgeordneten Stationen ausgestrahlten Wort- und
Unterhaltungssendungen in die Welt umfassen täglich im
Manuskript vier dicke Bände. Was das an Umsicht, Arbeit,

Organisation, Technik und Personal erfordert, davon k
sich der Laie überhaupt keinen Begriff machen. Es kann d
halb von diesen und aus einigen anderen Gründen, die sic
heute noch einer öffentlichen Erörterung entziehen, ein
*gestaffeltes deutsches Rundfunkprogramm* nur in beschränktem Umfange durchgeführt werden. Im Interesse der Landesverteidigung muß also der deutsche Hörer auch auf diesem Gebiete Verzichte in Kauf nehmen, die zwar lästig, aber unumgänglich notwendig sind.

Wenn wir nun, um der ganzen Debatte überhaupt eine Richtung zu geben, in der gegenwärtigen Situation *ein gutes Wort für die Unterhaltung im weitesten Sinne einlegen*, so aus folgenden Gründen: Unser Volk ist heute in einer Weise in die Kriegsarbeit eingespannt, daß es mit Recht verlangen kann, in seinen seltenen Mußestunden *Entspannung* zu erhalten, von der Schwere des Alltags abgelenkt zu werden und in einer leichten und gefälligen *Unterhaltung* ein gewisses Gegengewicht zu den harten Anforderungen der Zeit zu finden. Das hat gar nichts mit Leichtfertigkeit oder gar Frivolität zu tun. Das ist einfach ein Ausgleichen von Belastungen, das ebenso natürlich wie notwendig erscheint. Es ist kein Zufall, daß der Wunsch nach einem aufgelockerten Rundfunkprogramm am stärksten seitens der *Front*, der man doch gewiß keine Leichtfertigkeit oder Frivolität dem Krieg und seinen Erfordernissen gegenüber vorwerfen kann, zum Ausdruck gebracht wird. Die Anzahl der Philosophen, die dem heroischen Schicksal einer Nation mit gelassenem Stoizismus gegenübertreten, ist auch in unserem Volke gering. *Unsere Soldaten und Arbeiter kämpfen und arbeiten voll Enthusiasmus*, wenn es an der Zeit dazu ist. Sie wollen sich aber den Rest vom Tag, der ihnen verbleibt, mit einem Schimmer von Heiterkeit und, so absurd das im Kriege auch klingen mag, von *Lebensfreude* verklären. Sie sitzen abends in den Bunkern, Feldlagern, Notunterkünften oder Mietskasernen. Sie haben gar keine Zeit und auch, wenn sie es wollten, keine Ruhe, um einer langen, schweren Musik zu lauschen. Sie schreiben an zu Hause oder lesen oder unterhalten sich oder warten, und dazwischen möchten sie *etwas Musik hören*, leichte, unterhaltsame, einschmeichelnde Musik, die zu nichts verpflichtet und der gegenüber es nicht gerade ein Sakrileg ist, wenn dazwischen einmal eine Schnurre erzählt oder ein Skat gekloppt wird. Wer wollte ihnen dieses harmlose Vergnügen nicht gönnen, und wer ist pharisäisch genug zu bestreiten, daß er selbst auch gelegentlich solche Anwandlungen verspürte?

Wir gebrauchen zum Kriegführen ein Volk, das sich seine *gute Laune* bewahrt. *Mit Kopfhängerei gewinnt man keine Schlachten.* Wenn vor einem Jahr bei der Westoffensive an den Abenden nach harten und blutigen Tagen in den Feldquartieren auf den Grammophonen oder in den Rundfunkapparaten Walzer-, Tanz- oder Operettenmusik gespielt oder eingestellt wurde, so versteht das nur der nicht, der die Soldatenseele nicht kennt. Und wenn unsere Flugzeugbesatzungen nachts auf dem Heimflug von England die Skala der deutschen Sender nach leichter und beschwingter Unterhaltung abtasten, so ist das auch ein Zeichen dafür, daß selbst das härteste Männerherz nach einer schweren Belastung einen *Ausgleich* sucht. Wir sind nicht dazu da, uns die Menschen so vorzustellen, wie sie gar nicht sind und höchstens in *sentimentalen, verlogenen Romanen* vorkommen. Sie gefallen uns schon sehr gut so, wie sie sind. Wir wollten sie auch nicht anders haben. Wir brauchen im Grunde genommen nicht viel an ihnen zu ändern, wir müssen ihnen nur das geben, dessen sie bedürfen. Wer das Leben gerade in schweren Stunden nicht auch von der optimistischen Seite zu sehen und zu nehmen versteht, der wird niemals damit fertig werden.

Und fertig werden müssen wir alle damit. Nicht nur unsere Philosophen, nein, das ganze Volk muß damit fertig werden. Keinem von uns wird es geschenkt.

*Im Kriege ist alles notwendig und wichtig, was die Kampfkraft und die innere Haltung der Nation stärkt, was uns den Mut hebt, was uns frei, offen, klar und unbeschwert macht.*

[...]

# 3. Unter alliierter Aufsicht

## 3.1. *Kontrollvorschriften der Besatzungsmächte – Rundfunkverbot für die Deutschen (1945)*

### a) Gesetz Nr. 191

Kontrolle über Druckschriften, Rundfunk, Nachrichtendienst, Film, Theater und Musik und Untersagung der Tätigkeit des Reichsministeriums für Volksaufklärung und Propaganda

Zwecks Gewährleistung der Sicherheit der Alliierten Streitkräfte in Deutschland und zwecks Erfüllung der Aufgaben des Obersten Befehlshabers wird hiermit folgendes bestimmt:

1. Vorbehaltlich anderer Anordnungen oder sonstiger Ermächtigung durch die Militärregierung wird folgendes verboten: Das Drucken, Erzeugen, Veröffentlichen, Vertreiben, Verkaufen und gewerbliche Verleihen von Zeitungen, Magazinen, Zeitschriften, Büchern, Broschüren, Plakaten, Musikalien und sonstigen gedruckten oder (mechanisch) vervielfältigten Veröffentlichungen, von Schallplatten und sonstigen Tonaufnahmen und Lichtspielfilmen jeder Art; ferner die Tätigkeit oder der Betrieb jedes Nachrichtendienstes und Bilddienstes oder von Agenturen, von Rundfunk- und Fernsehstationen und Rundfunkeinrichtungen, von Drahtfunksendern und Niederfrequenzübertragungsanlagen [...].

2. Innerhalb des besetzten Gebietes ist die Ausübung jeglicher Tätigkeit und Amtsgewalt des Reichsministeriums für Volksaufklärung und Propaganda untersagt. Ohne Genehmigung der Militärregierung ist es verboten, Material, das von dem genannten Ministerium herrührt, zu gebrauchen, dessen Richtlinien zu befolgen oder dessen Anweisungen und Anordnungen auszuführen.

3. Aufgehoben werden alle Bestimmungen des deutschen Rechts, welche die Überprüfung, Genehmigung oder Ermächtigung durch das genannte Ministerium, die Unter-

...llung unter dessen Leitung oder die Befolgung der Anweisungen und Anordnungen des genannten Ministeriums vorschreiben.

[...]

5. Die Ausdrücke »Reichsministerium für Volksaufklärung und Propaganda« und »genanntes Ministerium«, wie sie in diesem Gesetz gebraucht werden, bedeuten nicht nur das »Reichsministerium für Volksaufklärung und Propaganda«, sondern auch jede Zweigstelle, jede dem Ministerium angeschlossene oder von dem Ministerium beaufsichtigte behördliche Organisation oder Dienststelle, ferner alle Personen und Organisationen, die für, oder anstatt einer der erstgenannten Behörden und Ämter zu handeln vorgeben.

6. Jeder Verstoß gegen die Vorschriften dieses Gesetzes wird nach Schuldigsprechung des Täters durch ein Gericht der Militärregierung nach dessen Ermessen mit jeder gesetzlichen Strafe, einschließlich der Todesstrafe, bestraft.

7. Dieses Gesetz tritt am Tage seiner Verkündung in Kraft.

### b) Nachrichtenkontroll-Vorschrift Nr. 1

Kontrolle über Druckschriften, Rundfunk, Film, Theater und Musik

1. Durch diese Vorschrift wird bestimmt, unter welchen Bedingungen einzelne, durch »Gesetz Nr. 191« verbotene Tätigkeiten zugelassen werden.

2. Nur auf Grund einer schriftlichen Zulassung der Militärregierung und in Übereinstimmung mit den Vorschriften solcher Genehmigung und den Bestimmungen und Anweisungen der Militärregierung wird zugelassen:

a) Das Veröffentlichen von Zeitungen, Magazinen, Zeitschriften, Büchern, Plakaten, Broschüren, Musikalien oder sonstigen Veröffentlichungen.

b) Der Betrieb von Nachrichtendiensten, Nachrichten- oder Bildagenturen, Rundfunk- oder Fernsehstationen oder Einrichtungen von Drahtfunksendern und Niederfrequenz-Übertragungsanlagen.

[...]

7. Jeder Verstoß gegen eine Bestimmung dieser Vorschr[ift] wird nach Schuldigsprechung des Täters durch ein Geric[ht] der Militärregierung nach dessen Ermessen mit jeder gesetzli[-]chen Strafe bestraft.
8. Diese Verordnung tritt am Tage ihrer Verkündung in Kraft.

### 3.2. Positionen der Ministerpräsidenten für den Wiederaufbau des Rundfunks (1946)

*[Reinhold] Maier [FDP]:* [...] Wenn die deutsche Zuständigkeit wieder voll gegeben sein wird und die Militärregierungsstellen nur eine allgemeine Überwachung führen, treten Fragen von sehr großer Bedeutung auf. Ich habe mir gedacht, daß sich die Sache ungefähr so regeln müßte: Der rein technische Betrieb des Radios ist Sache der Post. Die Sendestationen gehen in das Eigentum des Reiches zurück, die politische Verantwortung trägt das Staatsministerium, und es wird je eine Intendantur oder Direktion für die Programmgestaltung unter einer zentralen Überwachung eingerichtet. Es ist also eine große Reihe von zum Teil sehr komplizierten Fragen zu behandeln, der Aufbau eines Propagandaministeriums soll aber vermieden werden. Es ist dann noch die Frage aufgetaucht, ob sich der Staat ganz aus der Sache heraushalten soll oder Stadt und Gemeinde sich beteiligen, ob eine Radiogenossenschaft gegründet werden soll, also eine Privatgesellschaft usw. [...]

*[Karl] Geiler [parteilos]:* Gerade auf dem Gebiete des Rundfunks scheint es mir sehr wichtig zu sein, daß wir möglichst einheitlich vorgehen. Wir in Groß-Hessen denken ganz ähnlich wie in Württemberg, die Sache so zu machen, daß wir den technischen Teil der Post überlassen, daß wir eine groß-hessische Rundfunkgesellschaft mit einem kleinen Kapital gründen, das vom Staat übernommen wird, und daß diese Gesellschaft die ganze Programmgestaltung in Händen hat. Wenn dann die Rundfunkgesellschaften der Länder miteinander in

...nen gewissen Kontakt treten könnten, wäre das für die Gestaltung des Rundfunks von großer Wichtigkeit.
*Kraus* [betont die Notwendigkeit und den Wunsch der bayer. Bevölkerung, die Stammeseigentümlichkeiten auf kulturellem Gebiet zu pflegen und nicht »alles gleichmäßig zu regeln«].
*[Reinhold] Maier:* [...] Es handelt sich um die Rückgewinnung der Souveränität in diesen Dingen, und die wird rascher eintreten, wenn wir gemeinsam vorgehen. Es handelt sich nicht darum, welche Rundfunkvorträge gehalten werden und welches Kulturprogramm durchgeführt werden soll, sondern daß bei den einzelnen Stellen ein politischer oder Kulturausschuß eingerichtet wird. Der kann in München ein ganz anderer sein als in Stuttgart und in Wiesbaden wiederum anders, aber wie im ganzen Deutschen Reich das Rundfunkwesen wieder in deutsche Hände kommen soll, in welches Eigentum die Sender übergehen sollen, wie die Benützungsrechte an den Sendern sein sollen usw., das sollte doch in einen gemeinsamen Rahmen gestellt werden.

### 3.3. Hans Bredow: Freier Rundfunk (1946)

[...] Das Ziel der Neuorganisation müßte die Schaffung eines »Freien Rundfunks« sein, der nicht einseitig der jeweiligen Regierung, sondern der Allgemeinheit dient. Dazu könnte die Überwachung der Programme, der Personalpolitik und der Verwaltung der staatlichen Rundfunkgesellschaft jedes der deutschen Länder einem Treuhänder (Rundfunkrat) übertragen werden. Den Rundfunkrat könnten etwa 20 ehrenamtliche Mitglieder bilden aus den politischen Parteien, Gewerkschaften, Vereinigungen der Kunst, Wissenschaft, Volksbildung und anderen Organisationen, die die Mehrheit der Hörer erfassen, von der Regierung unabhängig, die selbst durch einige Kommissare darin vertreten ist.
Dem Rundfunkrat würden u. a. folgende Aufgaben zufallen: Vertretung der Öffentlichkeit gegenüber der Rundfunkge-

sellschaft, Erlaß von allgemeinen Richtlinien für die Programmgestaltung, Überwachung und Beratung der Rundfunkgesellschaft, Ernennung der Rundfunkleiter, Prüfung und Genehmigung des Haushalts und des Jahresabschlusses. Zur Durchführung dieser Aufgaben wäre die Bildung von Arbeitsausschüssen zweckmäßig.
Politischer Ausschuß: Politische Überwachung des Programms und der Personalpolitik. Kulturausschuß: Beratung des Intendanten und Beurteilung des Kulturprogramms, Bearbeitung von Beschwerden und Anregungen aus dem Hörerkreis. Verwaltungsausschuß: Überwachung der Geschäftsführung.
Dem Rundfunkrat wird der aus dem Intendanten und dem Geschäftsführer bestehende Vorstand der Rundfunkgesellschaft unterstellt. Durch eine solche Regelung wäre der Rundfunk nicht nur vor einseitigen politischen und kulturellen Eingriffen der Regierung geschützt, sondern gleichzeitig wirtschaftlich unabhängig. Die frühere wirtschaftliche Koppelung mit der Reichspost und später dem Propagandaministerium hatte den Rundfunk in eine unnatürliche Lage gebracht: Die Rundfunkgebühren wurden in erster Linie für das Propagandaministerium verwendet; Rundfunk galt als eine Art Zuschußbetrieb. Die Einnahmen müssen aber hauptsächlich für den Rundfunk und im Interesse der Hörer verwendet werden. Nur die nicht unmittelbar benötigten Mittel sollten nach Prüfung des Haushalts durch den Rundfunkrat kulturellen Zwecken zufließen. Eine derartige Förderung des Kulturlebens (Orchester, Theater u. a.) befruchtet wiederum die Rundfunkarbeit.
Wenn auch vor 1933 die aus den damaligen Verhältnissen sich ergebende wirtschaftliche Verbundenheit mit der Reichspost sich in der ersten Entwicklung günstig ausgewirkt hat, liegt keine Veranlassung vor, diesen Zustand jetzt wiederherzustellen. Das Verhältnis der Postverwaltung zum Rundfunk ist ähnlich wie das zu einem beliebigen Pressebüro, dessen Nachrichten gegen Entgelt auf dem Funkwege befördert werden. Ob man noch einen Schritt weiter gehen soll, die Rund-

... nksender von der Post zu lösen und den Rundfunkgesellschaften zu überlassen, wie in USA und England, kann später erörtert werden. Die Zusammenfassung des technischen Betriebes in den Funkhäusern dieser Länder mit dem Betrieb der Sender unter einer Leitung hat nicht nur betriebstechnische, sondern wegen der größeren Unabhängigkeit des Rundfunks von der Regierung auch politische Vorteile. [...]
Der Rundfunk sollte als Zeitspiegel ein unverfälschtes und lebendiges Bild des politischen Lebens geben, ohne zum Schauplatze ausgesprochener Parteikämpfe zu werden. Vielmehr sollte er das Verbindende stärker als das Trennende betonen und bewußt an der Erziehung des Volkes, besonders der Jugend, im demokratischen und staatsbürgerlichen Denken arbeiten. In seinen Darbietungen sollte der Rundfunk auch für den Ausgleich nach innen und außen werben, daß wir Deutschen Angehörige einer engeren Schicksalsgemeinschaft sind, aber auch besondere Pflichten gegenüber der Gemeinschaft der Völker zu erfüllen haben.
Die Ausführungen des Verfassers zielen darauf hin, den früheren »Regierungsrundfunk« durch einen »Freien Rundfunk« zu ersetzen, der neben hoher Kunst und vielseitiger Unterhaltung unter Kontrolle eines gewählten Rundfunkrates dem Hörer im Rahmen der demokratischen Weltanschauung alles vermittelt, was ihm früher ferngehalten oder verzerrt dargestellt worden ist. Amtliche Rundfunkzensur darf es in Zukunft nicht mehr geben: der Pressefreiheit ist die Rundfunkfreiheit an die Seite zu setzen. Die monopolartige Stellung des Rundfunks zwingt ihn von selbst in gewisse durch Geschmack und politischen Takt gezogene Grenzen. Die Regierung muß auch in diesem Rundfunk das uneingeschränkte Recht haben, sich an das Volk zu wenden und ihren Standpunkt zu vertreten. Aber ebenso muß auch der Rundfunk, ohne Maßregelungen wie früher befürchten zu müssen, zukünftig gegenteilige Meinungen zu Gehör bringen können. Erst dann wird auch Deutschland den demokratischen Rundfunk haben, der ihm bisher versagt war.

## 3.4. Lucius D. Clay: Befehl zur Errichtung regierungsunabhängiger Rundfunkeinrichtungen (1947)

Es ist die grundlegende Politik der US-Militärregierung, daß die Kontrolle über die Mittel der öffentlichen Meinung, wie Presse und Rundfunk, verteilt und von der Beherrschung durch die Regierung freigehalten werden müssen. Demgemäß ist der Deutschen Post die Beteiligung am Rundfunk in der US-Besatzungszone mit Ausnahme der folgenden Funktionen verboten worden:
a) Einziehung der Rundfunkempfangsgebühren im Auftrag der Landesregierung als zentraler Gebührenstelle;
b) Zurverfügungstellung der für den Rundfunkbetrieb notwendigen Kabel;
c) Unterhaltung eines Rundfunk-Entstörungsdienstes.

## 3.5. Barbara Mettler: Der Nachkriegsrundfunk als Medium der amerikanischen Umerziehungspolitik (1973)

[...] Umerziehungs- oder besser *Demokratisierungspolitik* ist Bezeichnung für den breit angelegten amerikanischen Versuch, neben der organisatorischen und gesetzlichen Grundlegung einer liberalen Demokratie auch bewußtseinsmäßig die Deutschen vom Faschismus zur Demokratie zu führen, d. h., sie von deren Notwendigkeit und Vernünftigkeit zu überzeugen. [...]
Als die Amerikaner in ihrer Zone ein neues Rundfunksystem aufbauten, wollten sie den Deutschen auf der organisatorischen Grundlage eines föderalistischen und öffentlich-rechtlichen Rundfunksystems endlich und erstmals einen demokratischen Rundfunk geben. Er sollte freie politische Meinungsbildung garantieren und ein regierungsunabhängiges Medium öffentlicher Kontrolle werden. Diese Zielsetzung ergab sich nicht nur aus der entsprechenden amerikanischen Tradition, sondern auch aus den Erfahrungen mit der noch kurzen Geschichte des deutschen Rundfunks. Der seit 1923

...beitende Rundfunk der Weimarer Zeit hatte sich als unpolitisch verstanden. Die einseitige Politisierung der vermeintlich unpolitischen Funkhäuser, die in den letzten Jahren der Republik erfolgreich vom Staat begonnen worden war, wurde ab 1933 nach den Richtlinien des Reichspropagandaministeriums bis zu den letzten Konsequenzen fortgesetzt. Der Rundfunk war damit zum Spiegelbild und Instrument des nationalsozialistischen Faschismus geworden. Von demokratischer Informationsgebung konnte keine Rede mehr sein.

Von dem Endpunkt dieser Entwicklung mußte die Rundfunkpolitik der amerikanischen Militärregierung ihren Ausgang nehmen. Einen Rundfunk auf demokratischer Grundlage aufzubauen konnte nicht genug sein. Er sollte und mußte auch in Zukunft demokratisch sein und bleiben. Um dies zu erreichen, arbeitete sie mit den Instrumenten von Militärgesetzen und den durch sie abgesicherten personalpolitischen Maßnahmen, später auf direktem Weg mit Rundfunkgesetzen, die von den deutschen Landtagen bei amerikanischer Überwachung und Beeinflussung verabschiedet wurden. Als erste Maßnahme boten sich Entnazifizierung und gezielte Personalpolitik an, danach erst folgte die gesetzlich-institutionelle Neuordnung des Rundfunks. [...]

Welches waren die gesetzlichen Forderungen? Die Amerikaner wollten die Einrichtung eines regierungsunabhängigen Rundfunks, d. h., der Rundfunk sollte nicht Organ der Regierung, sondern eher Kontrollorgan gegenüber der Regierung sein. Autoritäre und obrigkeitsstaatliche deutsche Traditionen abwehrend, suchten sie die Einflüsse staatlicher Institutionen auf das meinungsbildende Gremium soweit wie möglich auszuschalten. Die drei – idealtypisch gesehen – möglichen Rundfunksysteme: kommerzieller Betrieb, öffentlich-rechtliche Anstalten und Staatssender zeichnen sich in obiger Reihenfolge durch zunehmende direkte Abhängigkeit vom Staat aus.

Das ursprüngliche Ziel, ein kommerzielles Rundfunksystem amerikanischer Art auf die US-Zone zu übertragen, lag für

die Informationskontrolle nahe, nicht nur wegen der beabsichtigten größtmöglichen Unabhängigkeit von Regierung und Staat, sondern auch wegen eines Demokratieverständnisses, das einer freikonkurrierenden Unternehmerinitiative Raum läßt. Mit dem Scheitern dieser Pläne aus technischorganisatorischen Gründen bestand als Alternative nur die Einrichtung des Rundfunks als dezentralisiertes System öffentlich-rechtlicher Anstalten mit pluralistisch verfaßten Aufsichtsgremien, in denen die Regierungs- und Parlamentsvertreter nur als *eine* und keineswegs die wichtigste Interessengruppe Sitz und Stimme erhalten sollten. Eine Kontrolle durch die Regierung schien damit ausgeschlossen. [...]
In keinem anderen Bereich amerikanischer Kontrolle [wurden] die Demokratisierung und Entnazifizierung so ernst genommen wie gerade im Informationswesen. Man suchte an die Stelle ehemaliger Mitarbeiter eine neue demokratische Elite zu setzen. Da man nicht auf einen Stamm zuverlässiger Fachleute – mit Ausnahme einiger alter »Weimarianer« – zurückgreifen konnte, bedeutete dies vor allem die Anstellung junger, noch unerfahrener Mitarbeiter. Inhaltlich hieß demokratische Elite in jenen ersten 1½ Jahren, daß ihre Angehörigen »antinazistisch« waren und, im weltpolitischen Maßstab, zumindest nicht ausdrücklich antikommunistisch dachten. Neben unpolitischen Mitarbeitern fanden dadurch zahlreiche linksorientierte Publizisten Eingang in die Funkhäuser, jedoch bis auf verschwindend geringe Ausnahmen keine Kommunisten.
Man entsprach damit durchaus einer in Deutschland in politischen Kreisen weit verbreiteten Einstellung. Nachkriegsdemokraten der ersten Jahre waren von der Reformbedürftigkeit des politischen *und* gesellschaftlichen Lebens überzeugt. Ihr spürbarer Antikapitalismus war nicht Mode, sondern durch Erfahrungen mit der Weimarer Republik und dem Nationalsozialismus bedingte Einsicht in Notwendigkeiten. Wie breit diese Strömung war, daß sie tatsächlich tendenziell das ganze Spektrum von kommunistischen, sozialistischen bis hin zu konservativ-christlichen Denkern umfaßte, zeigt

s in diesem Zusammenhang immer wieder angeführte ...hlener Programm der CDU, das mit den Worten: »Das ...apitalistische Wirtschaftssystem ist den staatlichen und sozialen Lebensinteressen des deutschen Volkes nicht gerecht geworden. Nach dem furchtbaren Zusammenbruch als Folge einer verbrecherischen Machtpolitik kann nur eine Neuordnung von Grund aus erfolgen« in den allgemeinen Ruf nach einer neuen Gesellschaftspolitik einstimmte.

Die bisher skizzierte Ausrichtung der amerikanischen Rundfunkpolitik sollte jedoch bald enden. In der zweiten Phase wurden nicht nur unter amerikanischen Offizieren, sondern auch unter den deutschen Mitarbeitern Maßnahmen getroffen, die solche Personen zum Zuge kommen ließen, deren Anschauungen den seit Kriegsende veränderten Zielen der amerikanischen Politik entsprachen. Der schnellste Weg hierzu war, informationspolitisch wichtige Personen auszutauschen. [...]

Demokratisierung durch Entnazifizierung, notwendig geworden durch das Antreffen eines antidemokratischen, nationalsozialistischen Rundfunkapparats, erwies sich, insbesondere bei den (und durch die) personalpolitischen Entscheidungen, als funktional abhängig von der damaligen Weltlage und deren Interpretation durch die amerikanische Bürokratie und Besatzungsmacht. Die beginnende Neuorientierung der amerikanischen Außenpolitik in den Jahren 1945/46 machte sich in der frühen Phase der Informationspolitik einstweilen noch wenig bemerkbar. Dies erklärte sich aus einem Komplex von Faktoren: Nachwirkungen der Roosevelt-Tradition im Sinne einer Zusammenarbeit mit der UdSSR, Personaltraining auf amerikanischer Seite im Zeichen einer vermeintlich stabilen Koalition mit der Sowjetunion, Furcht und Haß auf die Deutschen, wie auch aus der so gesehenen Notwendigkeit, im Zuge der Demokratisierungspolitik die Deutschen von ihrer moralischen Schuld zu überzeugen. Gerade letzteres aber mußte ein Anliegen der Informationskontrolle sein. Sie sollte die bewußtseinsmäßige Grundlegung der institutionellen Demokratisierung unter-

stützen. Sowenig ein solches Vorhaben ohne umfasse[n]
Reformen im sozio-ökonomischen Bereich Erfolg hab[en]
konnte, sowenig konnte und durfte es sich zugleich darau[f]
beschränken, die Frage der Demokratie auf die Frage ihrer
Feinde zu reduzieren, seien es solche aus dem nazistischen
oder dem kommunistischen Lager. An der amerikanischen
Personalpolitik im Münchner Sender kann jedoch gezeigt
werden, daß genau das seit Ende 1946 die Tendenz war, die
sich in den folgenden Jahren noch verstärken sollte. Sie
machte deutlich, daß der Gegensatz aufgehoben wurde, der
zwischen amerikanisch kontrollierter Informationspolitik in
Deutschland einerseits und amerikanischen außenpolitischen
Interessen andererseits entstanden war. Mit der Ordre General Clays für eine antikommunistische Kampagne im Oktober 1947, intern als »take the gloves off« bezeichnet, vertauschten sich schließlich die Rollen von Freund und Feind in
der Sicht des Siegers endgültig. Bei noch weitgehender Einflußlosigkeit deutscher Kräfte war die amerikanische Rundfunkpolitik in Deutschland von der Militärregierung – die
freilich auf ein entsprechendes Verhalten aus dem Osten stieß
– auf antikommunistischen Kurs gebracht worden. An die
Stelle einer Informationspolitik, die gegen den Nazismus zu
Felde gezogen war, war eine solche getreten, die primär gegen
den Kommunismus kämpfen sollte. [...]

Rundfunk ist Teil einer politischen Kultur. So lassen sich
denn auch die oben beschriebenen Tendenzen in den inhaltlichen Richtlinien der Amerikaner und in den Inhalten politischer Sendungen nachweisen. Dies gilt insbesondere für die
politischen Kommentare, die am ehesten Spiegel ihrer Zeit
sind und weniger ihrer Zeit den Spiegel vorhalten. Die Inhalte
der Rundfunksendungen lassen erkennen, daß ein noch vor
1947 eher sozialdemokratisches als neoliberalistisches Demokratieverständnis spätestens mit der offenen Wende zur antisowjetischen US-Außenpolitik, seit Truman-Doktrin und
Moskauer Außenministerkonferenz im März 1947, Aufwind
im umgekehrten Sinne erhielt: tendenziell eher neoliberalistisch als sozialdemokratisch oder gar sozialistisch. Die

...emokratisierung betraf nun nur noch den Teilbereich der Politik, nicht aber mehr die Einheit von Politik *und* Gesellschaft. Anders ausgedrückt: Sozial- und Wirtschaftsordnung waren aus der Demokratisierungspolitik herausgenommen. Damit war gerade jene Zielvorstellung fallengelassen worden, die zu Beginn vertreten worden war. Ideologische Unterstützung erhielt das reduzierte neoliberalistische Demokratieverständnis durch die Reaktivierung und nun volle Herausbildung der Totalitarismustheorie. Im November 1947 begann die amerikanische Radiokontrolle z. B., im Rahmen der von Clay verordneten antikommunistischen Kampagne, eine Radioserie unter dem anfänglichen Titel *Freedom versus Totalitarianism*, die über alle Sender der US-Zone ausgestrahlt wurde. [...]

Das politische Medium Rundfunk ist Ausdruck der jeweiligen Zeit, der sie prägenden Kultur und Machtverhältnisse. Es ist als Teil eines gesellschaftlichen Ganzen zu verstehen und auf den Begriff zu bringen. Entsprechendes gilt auch für die Demokratisierungspolitik der amerikanischen Besatzungsmacht. Rundfunkpolitik und Demokratisierungspolitik der Jahre 1945–49 erweisen sich bei näherem Zusehen als funktional abhängig vom weltweiten Geschehen des Kalten Krieges, d. h. von einer macht- und gesellschaftspolitischen Auseinandersetzung und deren Auswirkungen auf die Neuordnungsbemühungen der frühen Nachkriegsjahre. Ein Zeitabschnitt zunächst vorrangig antinazistischer Informationspolitik ging über in einen solchen vorrangig antikommunistischer Informationspolitik, vermittelt in seiner späteren Phase durch die zur Hilfe genommene Totalitarismustheorie, die eine weitgehende Gleichheit von Faschismus und Kommunismus unterstellt, oder wie es damals hieß: Gleichheit von Nationalsozialismus und Kommunismus. Demokratisierung bemaß sich spätestens seit 1947 inhaltlich an jener machtpolitischen Veränderung und hatte gesellschaftspolitisch eine Restauration der überkommenen Wirtschafts- und Sozialordnung in Westdeutschland zum beabsichtigten Ergebnis.

### 3.6. Nordwestdeutscher Rundfunk – erste öffentlich-rechtliche Rundfunkanstalt (1948)

Um den Nordwestdeutschen Rundfunk als eine unabhängige Anstalt zur Verbreitung von Nachrichten und Darbietungen unterhaltender, bildender und belehrender Art zu errichten, wird hiermit folgendes verordnet:

Artikel I (Errichtung des Nordwestdeutschen Rundfunks)

1. Der Nordwestdeutsche Rundfunk wird hiermit als eine Anstalt des öffentlichen Rechts errichtet. Sein Hauptsitz ist Hamburg.
2. Die Satzung des Nordwestdeutschen Rundfunks ist im Anhang zu dieser Verordnung niedergelegt.
3. Ungeachtet aller dazu im Widerspruch stehenden Bestimmungen der allgemeinen Gesetze und Rechtssätze, einschließlich der geltenden gesetzlichen Bestimmungen der Militärregierung hat die Satzung Gesetzeskraft.

Artikel II (Bestätigung durch die Militärregierung)

4. Die Wahl der sieben Mitglieder des Verwaltungsrates und die Ernennung des Generaldirektors (§§ 3, 8 und 9 der Satzung) bedürfen der Bestätigung durch die Militärregierung.

Artikel III (Aufsicht)

5. Die Aufsicht über die Organe des Nordwestdeutschen Rundfunks richtet sich nach der Satzung. Eine Beaufsichtigung ihrer Tätigkeit nach den Vorschriften betreffend die Aufsicht über juristische Personen öffentlichen Rechts durch Organe der Behörden des Staates, der Länder oder anderer Körperschaften findet nicht statt.

Artikel IV (Einnahmen)

6. a) Die Deutsche Post wird nach wie vor von jedem angemeldeten Rundfunkhörer der britischen Zone eine monat-

...che Gebühr erheben. Ermäßigung oder Erlaß der Gebühr kann in Fällen besonderer Bedürftigkeit gewährt werden.
b) Die Militärregierung bestimmt, welcher Anteil der Einnahmen aus Rundfunkgenehmigungen dem Nordwestdeutschen Rundfunk zugeteilt wird.

## Artikel V (Amtlicher Text)

7. Der deutsche Text der Satzung gilt als amtlicher Text. Die Bestimmung der Verordnung Nr. 3 und des Artikels II 5 des Gesetzes Nr. 4 der Militärregierung findet auf ihn keine Anwendung.

## Artikel VI (Tag des Inkrafttretens)

8. Diese Verordnung tritt in Kraft am 1. Januar 1948.

Im Auftrage der Militärregierung.

Anhang. Satzung des Nordwestdeutschen Rundfunks

### § 1

Der Nordwestdeutsche Rundfunk ist eine Anstalt des öffentlichen Rechts mit dem Hauptsitz in Hamburg.
Zweck des Nordwestdeutschen Rundfunks ist der Erwerb und der Betrieb der vorhandenen und zukünftigen Rundfunkanlagen, die der Verbreitung von Nachrichten und Darbietungen unterhaltender, bildender und belehrender Art dienen.
Die Rundfunksendungen sollen in Sprache und Musik (später, sobald technisch möglich, auch im Bilde) Unterhaltung, Bildung, Belehrung und Nachrichten vermitteln.
Der Nordwestdeutsche Rundfunk darf auch Zeitschriften, Broschüren und andere Schriften herausgeben, die für Rundfunkhörer von Interesse sind.
Der Rundfunk wird in voller Unabhängigkeit von Einflüssen des Staates und parteipolitischen Richtungen betrieben.

§ 2

Organe des Nordwestdeutschen Rundfunks sind:

a) der Hauptausschuß,
b) der Verwaltungsrat,
c) der Generaldirektor.

§ 3

Der Hauptausschuß wählt den Verwaltungsrat, und zwar jährlich in der Zeit vom 1. November bis 15. Dezember ein Mitglied zur Besetzung der nach Ablauf jedes Jahres frei werdenden Stelle und ein Mitglied innerhalb eines Monats nach Fortfall jedes aus anderen Gründen ausscheidenden Mitglieds.

[...]

§ 6

Niemand kann gleichzeitig Mitglied des Hauptausschusses und des Verwaltungsrates sein.

§ 7

Die Mitglieder des Verwaltungsrates werden durch den Hauptausschuß in einer Mitgliederversammlung gewählt, die dessen Vorsitzender einberuft.
Es entscheidet die Mehrheit der abgegebenen Stimmen. Bei Stimmengleichheit entscheidet die Stimme des Vorsitzenden.
Für die Wiederwahl des Mitgliedes des Verwaltungsrates ist eine Mehrheit von zwei Drittel der Stimmen des Hauptausschusses erforderlich.

[...]

§ 9

Der Verwaltungsrat ernennt den Generaldirektor und bestimmt die Dauer seines Amtes. Der Generaldirektor soll bei der ersten Ernennung in der Regel auf vier Jahre ernannt werden.

Wiedererernennung, auch mehrmalige Wiederernennung, ist möglich, und zwar beide auch auf mehr als vier, aber höchstens auf zehn Jahre.

Ein Mitglied des Hauptausschusses oder des Verwaltungsrates kann nicht Generaldirektor sein.

§ 10

Der Verwaltungsrat überwacht die Geschäftsführung des Generaldirektors, insbesondere auch die Leitung des Rundfunkbetriebes durch ihn. Er kann zu diesem Zweck jederzeit vom Generaldirektor einen Bericht über Angelegenheiten der Anstalt verlangen. Er kann die Bücher und Schriften der Anstalt einsehen und prüfen sowie eine Besichtigung der Anlagen oder eine Untersuchung einzelner Vorgänge vornehmen; er kann damit auch einzelne seiner Mitglieder oder für bestimmte Aufgaben besondere Sachverständige beauftragen.

Der Generaldirektor hat in allen wichtigen Angelegenheiten grundsätzlicher oder finanzieller Art die Genehmigung des Verwaltungsrates einzuholen. Er hat die Weisungen des Verwaltungsrates über die Gestaltung des Rundfunkprogramms und insbesondere die zur Wahrung der politischen Unparteilichkeit gegebenen Anordnungen zu befolgen. Außerdem ist der Vorsitzende des Verwaltungsrates über die laufenden Angelegenheiten ständig unterrichtet zu halten und seine Genehmigung in allen Angelegenheiten einzuholen, die über den Kreis der laufenden Geschäfte hinausgehen.

§ 11

Die Mitglieder des Verwaltungsrates haben die Aufgabe, die Interessen des Nordwestdeutschen Rundfunks zu fördern. Sie dürfen keine Sonderinteressen irgendwelcher Art vertreten und von keiner Seite Instruktionen bezüglich der Führung des Amtes entgegennehmen.

[...]

## § 15

Der Generaldirektor vertritt, abgesehen von den im Abs. bezeichneten Fällen, die Anstalt gerichtlich und außergerichtlich. Der Verwaltungsrat vertritt die Anstalt bei der Vornahme von Rechtsgeschäften mit dem Generaldirektor sowie in sonstigen Rechtsangelegenheiten ihm gegenüber unter Einschluß der Führung von Rechtsstreitigkeiten.

## § 16

Vor Ablauf der festgesetzten Amtszeit kann der Verwaltungsrat dem Generaldirektor nur aus einem wichtigen Grunde kündigen.
Über die Berechtigung der Kündigung und über die vermögensrechtlichen Ansprüche des Generaldirektors gegen den Nordwestdeutschen Rundfunk entscheiden die ordentlichen Gerichte, in erster Instanz das Landgericht Hamburg.

## § 17

Die Einnahmen der Anstalt dürfen nur für Zwecke des Rundfunks sowie für kulturelle Einrichtungen verwendet werden.
Sollten sich nach Abzug der eigenen Ausgaben und Rückstellungen für Reserven und Bau-Fonds Überschüsse ergeben, so sind diese den Kulturfonds der Länder Nordrhein-Westfalen, Niedersachsen, Schleswig-Holstein und der Hansestadt Hamburg nach Maßgabe der registrierten Hörerzahlen zuzuführen.

## § 18

Der Generaldirektor legt dem Verwaltungsrat alljährlich eine Abrechnung über die Einnahmen und Ausgaben der Anstalt vor. Die Abrechnung wird vom Rechnungshof geprüft, der zu diesem Zweck geeignete Wirtschaftsprüfer zuziehen kann. Die Abrechnung unterliegt der Genehmigung durch den Verwaltungsrat.
Der Verwaltungsrat legt die Abrechnung mit einem Jahresbe-

...cht über die Tätigkeit des Nordwestdeutschen Rundfunks ...em Hauptausschuß zur endgültigen Genehmigung vor. Die ...enehmigte Abrechnung wird nach näherer Bestimmung des Verwaltungsrates veröffentlicht.

Der Generaldirektor legt außerdem dem Verwaltungsrat jährlich einen Haushaltsplan für das kommende Jahr zur Genehmigung vor.

§ 19

Die Bestimmung über die Verwendung aller Einnahmen der Anstalt sowie die Kontrolle der Einnahmen und Ausgaben steht ausschließlich den in dieser Satzung hierzu ermächtigten Organen des Rundfunks zu.

### 3.7. Programmauftrag für den Hessischen Rundfunk (1948)

[...]

§ 2

Aufgabe des Hessischen Rundfunks ist die Verbreitung von Nachrichten und Darbietungen bildender, unterrichtender und unterhaltender Art. Er erwirbt und betreibt zu diesem Zweck Rundfunksendeanlagen.

§ 3

Die folgenden Grundsätze sind für die Darbietungen verbindlich:

1. Der Rundfunk ist Sache der Allgemeinheit. Er wird in voller Unabhängigkeit überparteilich betrieben und ist von jeder Beeinflussung freizuhalten.
2. Die Darbietungen sollen Nachrichten und Kommentare, Unterhaltung, Bildung und Belehrung, Gottesdienst und Erbauung vermitteln und dem Frieden, der Freiheit und der Völkerverständigung dienen.
3. Die Darbietungen dürfen nicht gegen die Verfassung und

die Gesetze verstoßen oder das sittliche und religiöse Gefü verletzen. Sendungen, die Vorurteile oder Herabsetzungen wegen der Nationalität, Rasse, Farbe, Religion oder Weltanschauung eines einzelnen oder einer Gruppe enthalten, sind nicht gestattet.

4. Die Berichterstattung muß wahrheitsgetreu und sachlich sein. Nachrichten und Stellungnahmen dazu sind deutlich voneinander zu trennen. Zweifel an der Richtigkeit sind auszudrücken, Kommentare zu den Nachrichten müssen unter Nennung des Namens des dafür verantwortlichen Verfassers als solche gekennzeichnet werden.

5. Die Landesregierung hat das Recht, Gesetze, Verordnungen und andere wichtige Mitteilungen durch den Rundfunk bekanntzugeben. Hierfür ist ihr angemessene Sendezeit unverzüglich und unentgeltlich einzuräumen.

6. Während des Wahlkampfes ist lediglich den politischen Parteien, die in allen Wahlkreisen Wahlvorschläge eingereicht haben, Sendezeit zu gewähren. Die Sendezeit muß gleich lang und gleichwertig sein.

7. Wenn Vertretern der politischen Parteien und der verschiedenen religiösen, weltanschaulichen und wirtschaftlichen Richtungen, insbesondere auch Vertretern von Organisationen der Arbeitnehmer oder Arbeitgeber, Gelegenheit zur Aussprache gegeben wird, so ist ihnen die Möglichkeit der Rede und Gegenrede unter jeweils gleichen Bedingungen zu gewähren. Einen Anspruch auf Teilnahme an solcher Aussprache haben nur die in Ziffer 6 bezeichneten politischen Parteien, die über das ganze Land verbreiteten Arbeitnehmer- und Arbeitgeberorganisationen sowie die Kirchen, Religions- und Weltanschauungsgemeinschaften des Landes.

8. Im Rundfunk angegriffenen Dienststellen oder Persönlichkeiten der öffentlichen Verwaltung oder des öffentlichen Lebens ist zur Abwehr gleichwertige Sendezeit zu gewähren.

9. Eine unwahre Behauptung ist auf Verlangen einer beteiligten Behörde oder Privatperson zu berichten. § 11 des

...setzes über die Presse vom 7. Mai 1874 (RGBl. S. 65) ist ...nngemäß anzuwenden.
0. Reklamesendungen bedürfen der Zustimmung des Rund-
..unkrats.

### 3.8. Hugh Carleton Greene: Abschied vom NWDR (1948)

Ich war beim Nordwestdeutschen Rundfunk in doppelter Eigenschaft: ich versah sowohl die Funktion des britischen Kontrolloffiziers als auch des deutschen Generaldirektors. Diese, ich glaube, recht ungewöhnliche Doppelfunktion hatte eine ganze Reihe Vorzüge. [...]
Eines möchte ich vor meiner Rückkehr nach England mit ganz besonderem Nachdruck all denen sagen, die in gleich welcher Funktion mit der Arbeit des Nordwestdeutschen Rundfunks verknüpft sind, und zwar folgendes: Nehmen Sie die Satzungen des NWDR, lesen Sie sie sorgfältig und versuchen Sie zu erfassen, worauf sie abzielen. Gewiß, diese Satzung ist kein vollkommenes Dokument, sie hat Lücken, der eine oder andere Punkt hätte klarer und genauer formuliert werden können – es wurden auch bei der Abfassung Konzessionen gemacht, die sich nicht immer als weise herausgestellt haben. Aber nun liegt die Satzung einmal vor, und sie ist eine brauchbare Arbeitsgrundlage, ja sie hat sich bereits als eine erstaunlich gute Arbeitsgrundlage herausgestellt, solange die einzelnen Organe, Hauptausschuß, Verwaltungsrat und Generaldirektor, sich auf die Aufgaben beschränken, die ihnen übertragen sind, und nicht versuchen, sich gegenseitig ihre Funktionen streitig zu machen. Es wird viel, sehr vieles, alles abhängen von der reibungslosen Zusammenarbeit der drei Hauptorgane des NWDR, und ich bin davon überzeugt, daß die Satzungen, so wie sie vorliegen, eine solche Zusammenarbeit ermöglichen, wie dies für die Beziehungen zwischen Verwaltungsrat und Generaldirektor bereits durch die Praxis erwiesen ist.

Ich möchte zugeben, daß in gewissen Punkten die Satzung hätten genauer formuliert werden können. Es besteht natürlich immer für den Gesetzgeber die Möglichkeit, solche Punkte durch eine autoritative Interpretation zu erläutern und zu präzisieren, denn die Absicht des Gesetzgebers ist eindeutig. Ich bin jedoch davon überzeugt, daß guter Wille und gesunder Menschenverstand eine solche strenge und bindende Interpretation überflüssig machen können, denn in allen solchen Angelegenheiten soll man die Vorteile einer gewissen Elastizität nicht unterschätzen.

Die Grundsätze der Programmgestaltung und Geschäftsführung des Nordwestdeutschen Rundfunks bestimmt der Verwaltungsrat, und es ist in der Satzung des NWDR ausdrücklich festgelegt, daß die Mitglieder des Verwaltungsrates bei der Erfüllung dieser Aufgabe in voller Unabhängigkeit handeln müssen, ohne von irgendeiner Seite Instruktionen entgegenzunehmen, geleitet in erster Linie von den Interessen des Nordwestdeutschen Rundfunks. Der Vorsitzende des Verwaltungsrates insbesondere muß sich der Satzung gemäß über die laufenden Angelegenheiten des NWDR ständig unterrichtet halten, und es hat sich in der Praxis gezeigt, daß dieses Amt eines Vorsitzenden des Verwaltungsrates fast eine hauptberufliche Tätigkeit geworden ist. Auch die anderen Mitglieder des Verwaltungsrates haben eine weitaus größere Arbeitslast zu tragen, als sich voraussehen ließ. Ich möchte die Hoffnung ausdrücken, daß diesen Tatsachen künftig in der einen oder anderen Weise Rechnung getragen wird.

Und schließlich der Generaldirektor: er ist für die Leitung des Rundfunks verantwortlich, und er trägt diese Verantwortung gegenüber dem Verwaltungsrat. Ich glaube, einige Leute sind der Ansicht, der Generaldirektor sei eine Art Diktator, und der NWDR auf dem Führerprinzip aufgebaut. Eine solche Auffassung hat mit den Tatsachen nichts gemein. Ich kann aus meinen eigenen Erfahrungen versichern: Solange der Verwaltungsrat sich seiner Aufgaben und seiner Verantwortung so bewußt ist wie der zur Zeit amtierende, ist der Generaldirektor alles andere als ein Diktator. Hinzu kommt, daß es

...cht gerade leicht wäre, mit unseren führenden Mitarbeitern im NWDR diktatorisch zu verfahren. Aber dies nur nebenbei.

Einen anderen Punkt, der sich ebenfalls aus der Satzung des NWDR ergibt, möchte ich nicht unerwähnt lassen: die Unabhängigkeit des Rundfunks von Einflüssen des Staates und parteipolitischen Richtungen. Die Gefahren eines Regierungsrundfunks ebenso wie die einer staatlich gelenkten Presse liegen so klar auf der Hand, daß zu hoffen ist, die Unabhängigkeit von Rundfunk und Presse werde in einer künftigen deutschen Verfassung verankert.

Die Gefahren einer parteipolitischen Einflußnahme sind etwas versteckter und heimtückischer, und es gibt wahrscheinlich in allen Parteien kurzsichtige Menschen, die für ihre eigene Partei die Vorherrschaft im Rundfunk wünschen. Nun, ich vertraue fest darauf, daß der Generaldirektor und die Mitglieder des gegenwärtigen Verwaltungsrates, die, wie ich weiß, meine Ansichten in dieser Frage teilen, die Unparteilichkeit des NWDR, und damit meine ich die Unparteilichkeit in jedem einzelnen seiner Rundfunkhäuser, zu wahren wissen. Kritik von seiten der politischen Parteien ist etwas sehr Gesundes und nur zu begrüßen. Ich hoffe, es wird niemals dazu kommen, daß der Vorsitzende der SPD aufhören wird, vom »Nordwestdeutschen CDU-Rundfunk« zu sprechen, und der Vorsitzende der CDU vom »Nordwestdeutschen Roten Rundfunk«. Vielleicht werde ich sogar eines Tages mit großem Vergnügen im *Hamburger Echo* einen Artikel lesen mit der Überschrift: »Herr Grimme, essen Sie Ihren Hut!«[1]

In der Satzung nicht erwähnt ist die Verpflichtung des Rundfunks zu Objektivität und Wahrhaftigkeit, denn ich glaube,

---

1. Adolf Grimme (SPD) war von 1930 bis 1932 preußischer und von 1946 bis 1948 niedersächsischer Kultusminister und anschließend Greenes Nachfolger als erster deutscher Generaldirektor des Nordwestdeutschen Rundfunks. Mit dem Zitat, das nicht direkt mit einem bestimmten Vorgang in Zusammenhang zu bringen ist, soll die Absurdität, den Rundfunk in die linke oder in die rechte Ecke drängen zu wollen, karikiert werden, vorausgesetzt, der Rundfunk wahrt seine Unparteilichkeit und Unabhängigkeit.

dies läßt sich nicht durch papierene Vorschriften sichern. I
kann nur hoffen, daß der NWDR auch in Zukunft der Wahr
heit dienen wird und nicht der Propaganda und daß er au.
diese Weise auch weiterhin eine Brücke darstellen wird zwischen den beiden Hälften Deutschlands. Dann wird man, so hoffe ich, wenn eines Tages das vereinte Deutschland wieder ersteht, sagen können: Der Nordwestdeutsche Rundfunk hat, ohne jemals aufzuhören, unerschrocken der Wahrheit zu dienen, zur Einheit Deutschlands beigetragen, statt die Kluft weiter zu vertiefen. Und es freut mich, zu wissen, daß dies auch die politische Absicht der Berliner Mitarbeiter des NWDR ist. [...]

### 3.9. Reinhold Maier: Ansprache bei der Übergabe von Radio Stuttgart in deutsche Hände (1949)

[...] Die Neuorganisation von Radio Stuttgart hat mehrere Jahre beansprucht und sich hauptsächlich dadurch verzögert, daß grundsätzliche Meinungsverschiedenheiten zwischen der Militärregierung einerseits, Regierung und Landtag andererseits zu Tage traten. Der deutsche Standpunkt konnte sich nur unter Bedenken der Auffassung anschließen, daß eine Radiostation im Grunde genommen niemand gehöre, daß niemand eine Verantwortung trage und daß niemand einen Einfluß auszuüben habe. Wir waren der Ansicht, daß irgend jemand der Träger eines solchen Unternehmens sein müsse. Wir haben uns der höheren Einsicht gefügt und warten nunmehr das Ergebnis des Experiments ab. Die Bevölkerung hält die Regierung, wie wir immer wieder erfahren, für das verantwortlich, was beim Stuttgarter Rundfunk vorgeht. Die Bevölkerung möge davon Kenntnis nehmen, daß seit 1945 bis heute und wiederum von heute an die Regierung keine Mitwirkungsrechte auszuüben hat, daß sie in den Gremien des Rundfunks nicht aktives, ja nicht einmal passives Mitglied ist. Die Regierung ist einfacher Zuhörer wie das Volk und freut sich dieser demokratischen Rolle. Wir sind übrigens begierig, welchem zukünftigen »Jemand« der heutige anscheinende »Niemand« sich entwickeln wird. Das Rundfunkgesetz setzt die Landesregierung auf diesem Gebiet in den Ruhestand. So kommen wir als im Gewande unerschütterlicher Neutralität einherschreitende Gratulanten und hoffen nur das eine, daß unsere sehr herzlichen Glückwünsche nicht als unerwünschte Einmischung in die Freiheit des Rundfunks aufgefaßt werden.

Auch die Deutschen sehen in der Pressefreiheit, in der Redefreiheit, in dem Recht der freien Meinungsäußerung unantastbare demokratische Güter. Wir danken es der amerikanischen Besatzungsmacht, daß sie mit dem Einrücken der Truppen uns diese Rechte wiedergeschenkt hat. Kein Deutscher ist seither, soviel ich weiß, selbst wenn er das Recht der Redefreiheit mißbrauchte, dieserhalb abgeholt worden. Und es bedeutete eine im einzelnen nicht darlegbare Erleichterung der Tätigkeit der ins Leben getretenen deutschen Regierungsstellen, daß die Amerikaner die Möglichkeiten eröffneten, daß die Deutschen in voller Unbefangenheit und Ehrlichkeit die Sorgen, welche sie bedrückten, aussprechen, die Dinge beim Namen nennen konnten. Die Worte brauchten hierbei nicht auf die Goldwaage gelegt werden. Wir haben in jenen hochkritischen Monaten des Sommers und des Herbstes 1945 in dieser Beziehung wertvolle Einblicke in den Charakter des Volkes genommen, das, nachdem Hitler ihm den Krieg erklärt hatte, über den Ozean gekommen war und große Teile Deutschlands besetzt hat. Es ist nicht ohne weiteres zu erklären, warum gerade auf dem Gebiet der Pressefreiheit, der Freiheit des Rundfunks und auf den verwandten Gebieten trotz der klaren Bejahung dieser Grundrechte durch die Deutschen es zu so vielen und so andauernden Meinungsverschiedenheiten und Mißverständnissen gekommen ist. Über materielle Dinge haben wir uns eigentlich in allen Fällen rasch geeinigt. Aber gerade auf diesem zum Geistesleben gehörenden Gebiet verstanden wir uns schwerer. Wenn ich es richtig deute, so hat sich der amerikanische Geist auf diesem Felde grundsätzlich in der Richtung der Nichtordnung, des ganz

bewußten Laissez-faire entwickelt. Eine Nachricht erschei
dann sofort die nächste. Schließlich renkt sich alles wiede
ein. Wahrheit und Dichtung wird sichtbar. Wir Deutsche
litten aber seit 1945 durch die Papierknappheit an einem ausgesprochenen Nachrichtenmangel. So vollzog sich der Vorgang, daß eine falsche Nachricht durch eine ihr auf dem Fuße folgende richtige totgeschlagen wurde, entweder gar nicht oder langsam. Hinzu kam, daß die amerikanische Militärregierung bei der Wiederaufrichtung des deutschen Nachrichtenwesens zu Notbehelfen greifen mußte, weil die materiellen und zu Beginn auch die geistigen Voraussetzungen einer unbeschränkten Freiheit nicht gegeben waren. Offensichtlich sind wir aber jetzt an einem Wendepunkt angelangt und nähern uns dem wünschenswerten Zustand freier Konkurrenz und damit immer mehr vollkommener Freiheit.
Bei Lichte betrachtet ist die hinter uns liegende zäh geführte Auseinandersetzung eher positiv als negativ zu bewerten. Sie ließ den geistigen Ursprung, auf welchem die beiden Völker leben, zu Tage treten. Eine Demokratie ist ja nirgends auf der Welt Freiheit allein, sichtbar oder weniger sichtbar ist sie gleichzeitig Freiheit in der Ordnung. [...]

## 4. Von der Gründung der Bundesrepublik bis zum Fernsehurteil

### 4.1. Presse- und Rundfunkbestimmungen der Alliierten Hohen Kommission (1949/50)

Der Rat der Alliierten Hohen Kommission erläßt folgendes Gesetz:

Art. 1 (Freiheit der Berichterstattung)

Die Freiheit der deutschen Presse, des deutschen Rundfunks und anderer deutscher Mittel der Berichterstattung sind gewährleistet, wie im Grundgesetz vorgesehen. Die Alliierte Hohe Kommission behält sich das Recht vor, jede von der gierung auf politischem, verwaltungsmäßigem oder finanziellem Gebiet getroffene Maßnahme, die diese Freiheit bedrohen könnte, für ungültig zu erklären oder aufzuheben.

### Art. 2 (Schutz der Interessen des Alliierten Personals)

(1) Jedem Unternehmen und jeder Person, die an einem Unternehmen beteiligt ist oder dessen Einrichtungen benutzt, ist es verboten, so zu handeln, daß das Ansehen und die Sicherheit des alliierten Personals gefährdet wird oder gefährdet werden könnte.

(2) Verletzt nach Ermessen der Alliierten Hohen Kommission ein Unternehmen oder eine Person die Bestimmungen des ersten Absatzes dieses Artikels, so kann die Alliierte Hohe Kommission für eine bestimmte oder unbestimmte Zeitdauer dem Unternehmen die Weiterführung der Geschäftstätigkeit oder der Person die Teilnahme an der Geschäftstätigkeit eines solchen Unternehmens oder die Benutzung seiner Einrichtungen untersagen. Sie kann ein ähnliches Verbot über ein Unternehmen oder eine Person verhängen, wenn es der Kommission genügend nachgewiesen erscheint, daß die Betreffenden im Begriff sind, den Vorschriften dieses Gesetzes zuwiderzuhandeln.

(3) Wird ein derartiges Verbot über ein Unternehmen für länger als drei Monate oder über eine Person für länger als einen Monat verhängt, so können die Betroffenen gegen diese Entscheidung bei einer zu diesem Zweck noch einzurichtenden Stelle Einspruch einlegen. Diese kann nach Anhörung des Beschwerdeführers oder seines Vertreters und aller von ihm genannten oder von Amts wegen geladenen Zeugen die Bestimmungen der Entscheidung, gegen die sich der Einspruch richtet, bestätigen, verschärfen, mildern oder abändern.

### Art. 3 (Rundfunk)

(1) Ohne die Genehmigung der Alliierten Hohen Kommission dürfen neue Rundfunk-, Fernseh- oder Drahtfunksender nicht eingerichtet noch Anlagen dieser Art einer anderen

Verfügungsgewalt unterstellt werden. Der deutsche Fu[n]sendebetrieb muß in Übereinstimmung mit der von der All[i]ierten Hohen Kommission festgesetzten Zuteilung von Wellenstärke und -frequenz durchgeführt werden.
(2) Internationale Übertragungen, Sendungen in fremder Sprache, Verhandlungen mit dem Ausland über Rundfunksendungen bedürfen der vorherigen Zustimmung der Alliierten Hohen Kommission.

## Art. 4 (Auflagesendungen)

Jeder Rundfunksender und jedes Veröffentlichungsmittel ist verpflichtet, auf Verlangen der Alliierten Hohen Kommission alle Mitteilungen, die die Kommission zur Erreichung der Ziele des Besatzungsstatuts für notwendig erachtet, zu bringen.

[...]

## Art. 6 (Schädigung des Ansehens der Alliierten Streitkräfte)

Die Alliierte Hohe Kommission kann innerhalb des Bundesgebietes die Verbreitung, Ausstellung oder den Besitz jeder Veröffentlichung oder jedes Erzeugnisses eines Unternehmens untersagen, welches nach ihrer Meinung dem Ansehen und der Sicherheit der Alliierten Streitkräfte abträglich sein könnte. Desgleichen kann sie die Einführung derartiger Veröffentlichungen oder Erzeugnisse in das Bundesgebiet untersagen.

[...]

## Art. 9 (Zuwiderhandlungen)

Jede Zuwiderhandlung gegen eine Vorschrift dieses Gesetzes oder einer auf Grund desselben erlassenen Rechtsverordnung oder Verwaltungsvorschrift wird mit Gefängnis bis zu fünf Jahren und mit einer Geldstrafe bis zu DM 10000 oder mit einer dieser beiden Strafen bestraft. Ist die Gesetzesverletzung von einem Unternehmen begangen worden, so kann auf eine Geldstrafe bis zu DM 100000 erkannt werden. Zugleich kann das Gericht die Einziehung jedes Vermögenswertes anordnen, dessen Besitz oder Gebrauch einen wesentlichen Bestandteil der dem Strafurteil zugrundeliegenden Handlung gebildet hat.

Art. 10 (Durchführungsverordnung)

Die Alliierte Hohe Kommission kann Verordnungen zur Durchführung dieses Gesetzes erlassen.

[...]

Art. 13 (Inkrafttreten)

Dieses Gesetz tritt am 21. September 1949 in Kraft.

*Durchführungsverordnung*

Art. 3 (Aufbewahrungspflicht im Rundfunk)

Personen, die für die Sendung von Rundfunkprogrammen, Rundfunkmanuskripten und Rundfunkaufnahmeplatten eines politischen oder informatorischen Charakters verantwortlich sind, haben diese an einem Ort der Sendung im Gebiete der Bundesrepublik für die Zeitdauer von drei Monaten, von dem Zeitpunkt der Sendung an gerechnet, aufzubewahren. Die Alliierte Hohe Kommission kann von diesen Personen verlangen, daß sie diese Programme, Manuskripte und Aufnahmeplatten an ihre dazu bestimmte Dienststelle abliefern oder dafür sorgen, daß die Aufnahmeplatten von dieser Dienststelle abgehört werden.

## 4.2. Diskussionen im Parlamentarischen Rat über Rundfunkfreiheit und Rundfunkorganisation (1948/49)

22. 9. 1948:

*Dr. Menzel [SPD]:* Ich meine, daß der Bund die Gesetzgebung über den Aufbau des Funkwesens hat. Die Durchführung ist eine andere Frage.

[...]

*Dr. Menzel:* Wir müssen zunächst die Frage klären, ob unt[er] Fernmeldewesen auch der Rundfunk verstanden wird. Nach dem, was Bayern getan hat, müßte man annehmen, daß das nicht der Fall ist. Es ist recht schwierig, eine Formulierung zu übernehmen, bei der wir uns nicht einig sind, was sie umfaßt, um es lediglich der sogenannten authentischen Interpretation zu überlassen.

*Vorsitzender:* Wir waren uns darüber einig, daß darunter die technische Seite des Rundfunks zu verstehen ist.

*(Dr. Hoch [SPD]:* Nicht nur das Funkwesen, sondern das Rundfunkwesen.)

Wir sind zu diesem Ergebnis gekommen im Gegensatz zu der Ausführung auf Seite 32, Ziff. 6, des Herrenchiemseer Entwurfs, wo es über das Funkwesen heißt: »Der Konvent ist der Auffassung, daß das Rundfunkwesen einschließlich der Rundfunktechnik nicht zum Fernmeldewesen gehört«. Wir sind davon abgewichen.

*Dr. Menzel:* Die Programmgestaltung des Rundfunks soll natürlich nicht unter die Gesetzgebung des Bundes fallen. Auch meine Auffassung ist, daß der kulturelle Inhalt Länderaufgabe sein soll. Ich meine aber, daß die Hoheit über die technische Seite und den Aufbau dem Bund zusteht, weil der Rundfunk ein so wesentliches Instrument der politischen Willensbildung und der politischen Macht darstellt, daß der Bund sich insoweit nichts irgendwie von den Ländern vorschreiben lassen sollte.

*Dr. Kleindienst [CSU]:* [...] Hinsichtlich des Aufbaues der Organisation des Rundfunks ist doch ein starker Zusammenhang zwischen der Organisation und der kulturellen Aufgabe vorhanden. Es ist wohl ein Unterschied, ob ich einen Rundfunk für die Bedürfnisse von Groß-Berlin, für Württemberg-Baden, für Bayern oder für Hessen organisiere. Ich möchte Ihnen doch dringend empfehlen, bei den kulturellen Aufgaben vorsichtig zu sein und die gesunde Konkurrenz der Leistung aufrechtzuerhalten, damit wir in kulturellen Angelegenheiten nicht zu einer Uniformierung kommen. Insbesondere, wenn das in ausschließlicher Gesetzgebung erfolgen

...ll, wird jede Anregung gesperrt, die irgendwo in einem Land bezüglich der Heranziehung neuer kultureller Kräfte entsteht. Das muß dann über den Bund gemacht werden, und kann nicht mehr länderweise geschehen.
*Vorsitzender:* Das ist wohl nicht so zu verstehen; das war nicht der Sinn dessen, was Herr Dr. Menzel sagt.
*Dr. Kleindienst:* Ich spreche ausdrücklich von der Heranziehung kultureller Kräfte, die auf die Programmgestaltung einwirken.
*Dr. Menzel:* Das ist ja die Durchführung. Die Länder bleiben die Träger.
*Dr. Laforet [CSU]:* Ausschließliche Gesetzgebung heißt, daß das Land über diesen Gegenstand überhaupt kein Gesetz erlassen kann. Bayern hat übrigens ein solches Rundfunkgesetz erlassen, dessen wesentliche Teile nur die Organisation des Rundfunks, ihre Gestaltung betreffen. Darüber ist lange verhandelt und lange gestritten worden. Die Organisation des Rundfunks ist für die ganze Einrichtung des Inhalts wesentlich; denn sie gibt eigentlich die Gewähr, ob das geschieht, was man mit diesem wichtigsten Kulturmittel von heute erreichen will. Ich möchte dringend raten, die Grenze in der technischen Gestaltung zu sehen [...].

6. 10. 1948:

*Dr. Hoch:* Wir sind uns einig, daß zu Post- und Fernmeldewesen auch die technische Seite des Rundfunkwesens gehört, und wir sind uns auch einig, daß die kulturelle Seite nicht dazu gehört. Nun umfaßt »Rundfunkwesen« auch noch die Organisation des Rundfunks, und ich möchte gern dahin kommen, daß wir dem Bund auch die Möglichkeit geben, die organisatorische Seite gesetzlich zu regeln, so daß, was jetzt in den Ländern teilweise geregelt worden ist, Rundfunkbeirat, Rundfunkvorstand, künftig für alle deutschen Länder vom Bund einheitlich festgelegt werden kann. Das hat nichts mit der kulturellen Seite zu tun. [...]
*Vorsitzender:* Kommen wir zurück zur Organisation. Es wird die Theorie vertreten, das soll Sache des Bundes sein,

und eine andere Auffassung ist, es soll Sache der Länder bleiben. Soll das unter Vorranggesetzgebung kommen? Es wäre uns erwünscht, wenn das nicht Ländersache wäre, sondern Bundessache.

*Dr. Hoch:* Auch ich bin dieser Ansicht. Glauben Sie, daß wir eher zu deutscher Selbständigkeit kommen, wenn das den Ländern überlassen wird? Ich glaube, daß wir eine stärkere Stoßkraft haben, wenn der Bund für diese Dinge zuständig ist.

*Dr. Laforet:* Ich war bei dem bayerischen Rundfunkgesetz nicht aktiv tätig, habe das nur als Abgeordneter an mir vorüberziehen lassen. Das Rundfunkgesetz ist geltendes bayerisches Recht; es hat eine besondere Organisation gegeben, und ich möchte dieses bayerische Recht nicht preisgeben.

*Vorsitzender:* Dann lassen wir diese Sache offen.

11. 11. 1949:

*Vorsitzender Prof. v. Mangoldt [CDU]:* Ich habe schon im Ausschuß darüber gesprochen, daß man durch die Form der Ausübung des Betriebs der Sendeanlagen eine Sicherung der Rundfunkfreiheit noch erreichen könnte. Ich habe vorgeschlagen: »Zur Sicherung dieser Freiheit und der Überparteilichkeit des Rundfunks werden die Sendeanlagen durch selbständige Anstalten des öffentlichen Rechts betrieben, die auch die Sendeprogramme bestimmen«. Es wäre vielleicht sehr günstig, wenn man erreichen könnte, das mit aufzunehmen, weil man dann eine gewisse Sicherung den Amerikanern gegenüber hätte. Ich glaube nicht, daß an dieser Vorschrift die Zustimmung der Gouverneure scheitern würde.

*Dr. Heuß [FDP]:* [...] Ich würde diese Geschichte mit den Sendeanlagen und den Anstalten des öffentlichen Rechts doch nicht hier hineinnehmen; denn das ist die Vorwegnahme einer Gesetzgebung, die heute sehr bunt durcheinander geht und die wir selbstverständlich in die Hand des Bundes bekommen wollen. Wir wollen nicht drei- oder viererlei Radiorecht. Das wird zwar für die amerikanische Militärregierung kein Grund für die Ablehnung des Ganzen sein, er sie wird darauf hoffen, weil sie gerade hier bestrebt ist, die staatlichen Dinge möglichst in den Hintergrund zu schieben.

*Dr. Süsterhenn [CDU]:* Ich halte es für falsch, die zukünftige Form des Rundfunks ein für allemal in der Verfassung festzulegen. Ich könnte mir vorstellen, daß wir eine Form des Rundfunks für das Richtige halten, wie sie in Holland besteht, oder eines Rundfunks, wie ihn die Amerikaner haben, die private Rundfunkgesellschaften nach einem bestimmten Verfahren geschaffen haben. In Holland hat zum Beispiel die katholische und die evangelische Kirche einen Rundfunksender. Ich will nicht sagen, daß das notwendig ist, aber wir wollen uns das nicht verbauen und nicht von vornherein in der Verfassung etwas vorsehen, dessen Güte wir noch nicht erproben konnten. Dann der Begriff »selbständige Anstalten«. Was heißt das? Soll damit jeder staatliche Einfluß ausgeschaltet werden? Kann man nicht daraus folgern, daß nicht einmal staatliche Vertreter in die Rundfunkparlamente und in den Beirat hinein dürfen? Alle diese Fragen sind so ungeklärt, daß man sie nicht verfassungsrechtlich festlegen soll.

*Vorsitzender:* [...] Wir müssen zur Sicherung der Unabhängigkeit des Rundfunks praktisch mehr tun als nur sagen: Die Freiheit der Berichterstattung durch den Rundfunk wird gewährleistet. Damit ist gar nichts gesagt. Es wäre tatsächlich ein gewisser Schritt nach der Richtung hin, dem Rundfunk eine gewisse Unabhängigkeit vom Staat zu sichern, wünschenswert. Auch bei einer selbständigen Anstalt, die öffentlich-rechtliche Körperschaft ist, bleibt die Staatsaufsicht erhalten. Das ist gar keine Frage. Infolgedessen würde ich keine Bedenken haben, diesen Schritt zu tun.

*Dr. Heuß:* Ich bin der Meinung von Herrn Süsterhenn. Es ist noch eine Frage der Wellenlänge, aber die Möglichkeit, daß meinethalben der Staat sich einen Rundfunk macht und auf der anderen Seite Gruppen privater oder kirchlicher Organisationen das gleiche tun, sollte gegeben sein. Es ist geplant, in Bamberg einen gemeinsamen christlichen Sender von beiden

Kirchen aufzubauen – so war es wenigstens in den Zeitung zu lesen –, und das sollte man an sich nicht beschneiden. D Entwicklungen sind auf dem Gebiet vorhanden. Dann kann der Hörer sich aussuchen, was er hören will. Ich bin nicht dafür, staatliche oder staatlich konzessionierte Monopole von vornherein zu begünstigen.

*Dr. Eberhard [SPD]:* Ich meine, wir sollten darauf verzichten, im Grundgesetz die Gesetze der nächsten zehn Jahre im voraus zu bestimmen. Die technische Entwicklung kann es vielleicht bald ermöglichen, daß beinahe jeder seine eigene Wellenlänge hat.

Der Vorschlag wird daraufhin von dem Vorsitzenden fallengelassen.

### 4.3. *Gründung der Arbeitsgemeinschaft der öffentlich-rechtlichen Rundfunkanstalten der Bundesrepublik Deutschland (ARD) (1950)*

§ 1 (Mitglieder)

(1) Folgende Anstalten des öffentlichen Rechts bilden zur Erfüllung der in § 2 aufgezählten Aufgaben eine Arbeitsgemeinschaft:
Bayerischer Rundfunk
Hessischer Rundfunk
Nordwestdeutscher Rundfunk
Radio Bremen
Süddeutscher Rundfunk
Südwestfunk
Rias Berlin kann mit beratender Stimme hinzugezogen werden.
(2) Die Intendanten (Generaldirektor) vertreten ihre Rundfunkanstalten im Rahmen ihrer gesetzlichen Befugnisse.

## § 2 (Aufgaben)

1) Aufgaben der Arbeitsgemeinschaft sind:
a) Wahrnehmung der gemeinsamen Interessen der Rundfunkanstalten;
b) Bearbeitung gemeinsamer Fragen des Programms, sowie gemeinsame Fragen rechtlicher, technischer und betriebswirtschaftlicher Art;
c) Erstattung von Gutachten über Fragen, die anläßlich der Auslegung und der Anwendung der für die einzelnen Rundfunkanstalten in Betracht kommenden Vorschriften auftreten und von allgemeiner Bedeutung sind, gemäß den Bestimmungen der Anlage 1.
(2) Welche Fragen gemeinsam zu behandeln sind, entscheidet die Mitgliederversammlung.
(3) Der Arbeitsgemeinschaft können weitere Aufgaben durch die Mitgliederversammlung zugewiesen werden.

## § 3 (Geschäftsführung und Vertretung)

(1) Die allgemeine Geschäftsführung und die Vertretung der Arbeitsgemeinschaft wechseln turnusgemäß unter den Mitgliedern dergestalt, daß jedes Mitglied für eine Dauer von 6 Monaten die Geschäfte führt. Die Reihenfolge ergibt sich aus der Aufzählung in § 1.
(2) Für bestimmt umrissene Aufgaben und zur Vorbereitung von Beschlüssen der Mitglieder können federführende Mitglieder bestimmt werden. Die federführenden Mitglieder und ihr jeweiliger Aufgabenkreis werden durch die Mitgliederversammlung beschlossen.
Die federführenden Mitglieder sind zur Vertretung der Arbeitsgemeinschaft nach außen nicht berechtigt.
(3) Die Arbeitsgemeinschaft wird wie folgt zeichnen:
»Arbeitsgemeinschaft der öffentlich-rechtlichen Rundfunkanstalten der Bundesrepublik Deutschland.
Mit der Geschäftsführung beauftragt:«
Alsdann wird die jeweils geschäftsführende Anstalt rechtsverbindlich zeichnen.

## § 4 (Beschlußfassung)

(1) Die Beschlüsse der Arbeitsgemeinschaft bedürfen in der Regel der Einstimmigkeit der Mitglieder.
(2) Mehrheitsbeschlüsse können gefaßt werden, wenn es die Mitglieder für die Regelung eines bestimmten Aufgabenkreises einstimmig beschließen.
Bei der Fassung von Mehrheitsbeschlüssen hat

| | |
|---|---|
| der Bayerische Rundfunk | 2 Stimmen |
| der Hessische Rundfunk | 1 Stimme |
| der Nordwestdeutsche Rundfunk | 4 Stimmen |
| Radio Bremen | 1 Stimme |
| der Süddeutsche Rundfunk | 1 Stimme |
| der Südwestfunk | 1 Stimme |

## § 5 (Mitgliederversammlungen)

(1) Die Beschlüsse können auf Mitgliederversammlungen oder schriftlich gefaßt werden.
(2) Ordentliche Mitgliederversammlungen müssen jeweils zum Ende der Geschäftsführungszeit anberaumt werden. Auf diesen Mitgliederversammlungen hat das geschäftsführende Mitglied den Schlußbericht über seine Geschäftsführung zu erstatten und die Geschäfte an das turnusmäßig folgende Mitglied zu übergeben.
(3) Außerordentliche Mitgliederversammlungen werden vom geschäftsführenden Mitglied nach Bedarf einberufen. Auf Antrag von zwei Mitgliedern oder eines federführenden Mitgliedes muß eine Mitgliederversammlung einberufen werden.
(4) Zu den ordentlichen Mitgliederversammlungen sind die Vertreter der Aufsichtsorgane der einzelnen Rundfunkanstalten einzuladen.

## § 6 (Aufbringung der Mittel)

Die zur Durchführung der Mitgliederbeschlüsse erforderlichen Geldmittel werden – soweit keine andere Regelung beschlossen wird – von den Mitgliedern im Verhältnis der Hörerzahlen aufgebracht.

## § 7 (Auskunftserteilung)

Die Mitglieder verpflichten sich, der Arbeitsgemeinschaft die für die Erfüllung ihrer Aufgaben erforderlichen Auskünfte zu erteilen.

## § 8 (Austritt)

Jedes Mitglied ist berechtigt, unter Einhaltung einer Kündigungsfrist von 3 Monaten zum Abschluß eines Geschäftsführungsabschnitts gemäß § 3 Absatz (1), auszuscheiden.

Anlage 1

1. Die in § 2 Abs. 1 Buchst. c bezeichnete Aufgabe wird vom Gesamtrat der Rundfunkanstalten wahrgenommen. Der Gesamtrat setzt sich aus den gesetzlichen Vertretern der Rundfunkanstalten und den Vorsitzenden der Verwaltungsräte und der Rundfunkräte bzw. des Hauptausschusses des NWDR zusammen.
2. Der Gesamtrat kann von Fall zu Fall Persönlichkeiten zuziehen, die für die Begutachtung der jeweils auftretenden Frage hervorragend geeignet sind.
3. Gutachten können von jeder Rundfunkanstalt durch gemeinsamen Antrag ihrer Organe angefordert werden. Der Gesamtrat kann die Erstattung des Gutachtens ablehnen.
4. Der Gesamtrat beschließt mit der Mehrheit der abgegebenen Stimmen. Er kann sich eine Geschäftsordnung geben.
5. Die Kosten des Verfahrens trägt die antragstellende Rundfunkanstalt. Die Kosten können auf Antrag von der Arbeitsgemeinschaft übernommen werden.

### 4.4. *Fernsehvertrag der ARD-Rundfunkanstalten (1953)*

Mit der Verwirklichung des Fernsehens in der Bundesrepublik übernehmen die öffentlich-rechtlichen Rundfunkanstalten eine bedeutende Aufgabe.
Die technischen Anlagen, die vorhandenen Mitarbeiter und die zur Verfügung stehenden sachlichen Mittel berechtigen

zu der Zuversicht, daß unter der Aufsicht hervorragender Persönlichkeiten des öffentlichen Lebens, denen die gesetzliche Vertretung der Allgemeinheit obliegt, diese Aufgabe durch eine freiwillige Zusammenfassung der Kräfte der Rundfunkanstalten in der Bundesrepublik gelöst werden kann.

Die Rundfunkanstalten vereinbaren demgemäß folgendes:

1. Die vertragschließenden Rundfunkanstalten werden neben dem Hörrundfunk den Fernsehrundfunk betreiben.

2. Das Deutsche Fernsehprogramm setzt sich aus den Programmbeiträgen der vertragschließenden Rundfunkanstalten zusammen. Es wird vorbehaltlich der Bestimmung Ziffer 6 Absatz 1 von den vertragschließenden Rundfunkanstalten ausgestrahlt. Es soll höchstens zwei Stunden täglich dauern. Das Deutsche Fernsehprogramm kann durch regionale Programme der Rundfunkanstalten ergänzt werden.

3. Für das Deutsche Fernsehprogramm werden die vertragschließenden Rundfunkanstalten wie folgt zusammenarbeiten:

a) Ein ständiger Programmausschuß wird gebildet. Er setzt sich zusammen aus je einem Vertreter der Rundfunkanstalten, die mindestens 10 v. H. zu dem Deutschen Fernsehprogramm beitragen.

b) Der Programmausschuß beschließt mit einfacher Mehrheit. Jede der vertretenen Rundfunkanstalten hat eine Stimme. Bei Stimmgleichheit entscheidet die Stimme des Vorsitzenden.

4. Der Programmausschuß beschließt die Zusammensetzung des Deutschen Fernsehprogramms auf Grund der Vorschläge der einzelnen Rundfunkanstalten, die aufeinander abzustimmen sind. Die Beiträge der einzelnen Rundfunkanstalten müssen den nach Gesetz und Satzung bei den Rundfunkanstalten geltenden Programmrichtlinien entsprechen.

Der Programmausschuß gibt sich eine Geschäftsordnung.

5. Die vertragschließenden Rundfunkanstalten verpflichten sich, folgende Hundertsätze des Deutschen Fernsehprogramms zu übernehmen (Pflichtbeitrag):

...yerischer Rundfunk 20 v. H.
...essischer Rundfunk 10 v. H.
Nordwestdeutscher Rundfunk 50 v. H.
Süddeutscher Rundfunk 10 v. H.
Südwestfunk 10 v. H.

Der Pflichtbeitrag von Radio Bremen bleibt einer besonderen Regelung vorbehalten. Die Verpflichtung beginnt mit der Aufnahme der regelmäßigen Fernsehsendungen im Bereich der jeweiligen Rundfunkanstalt.

6. Jede Anstalt ist berechtigt, auf die Ausstrahlung von Teilen des Deutschen Fernsehprogramms zu verzichten und es insoweit durch einen eigenen Beitrag zu ersetzen. Der Programmausschuß kann die Programmvorschläge der einzelnen Rundfunkanstalten ablehnen. Über die Auswirkung der Ablehnung auf Pflichtbeitrag und Kostenbeiträge gelten die von den vertragschließenden Rundfunkanstalten hierfür vereinbarten Richtlinien.

7. Jede Rundfunkanstalt trägt die Kosten ihrer Fernsehabteilung. Gemeinschaftliches Vermögen der Rundfunkanstalten wird nicht gebildet. Keine Rundfunkanstalt ist berechtigt, eine andere Rundfunkanstalt zu verpflichten oder sonst für sie zu handeln.

8. Die Rundfunkanstalten haben ihre Fernsehverträge so zu gestalten, daß eine Ausstrahlung der für das Gemeinschaftsprogramm bestimmten Beiträge über die Strahler aller vertragschließenden Rundfunkanstalten möglich ist. Sie haben dabei unbeschadet der Möglichkeit interner Verrechnung im Einzelfall die anderen Rundfunkanstalten von Ansprüchen Dritter freizustellen.

Sie sollen den von dem Programmausschuß aufzustellenden Honorarrahmen einhalten.

9. Jede Rundfunkanstalt trägt ihren Pflichtbeitrag am gemeinschaftlichen Programm finanziell selbst.

Kommt eine Rundfunkanstalt der Verpflichtung zur Lieferung des Pflichtbeitrages nicht nach, so ist die Verpflichtung in Geld abzulösen. Die Rundfunkanstalt hat einen Hundertsatz von ⅖ ihres Aufkommens an Fernsehgebühren (DM 5,–)

an die Rundfunkanstalten anteilmäßig zu zahlen, die den fehlenden Programmanteil liefern. Dieser Hundertsatz soll, auf ein Jahr bezogen, dem Hundertsatz entsprechen, der zwischen dem nichtgelieferten Programmanteil und dem Pflichtbeitrag der betreffenden Rundfunkanstalt besteht.

10. Um ein Höchstmaß der Ausnutzung aller technischen Möglichkeiten zu erreichen, koordinieren die vertragschließenden Rundfunkanstalten ihre Investitionen. Hierzu wird eine Kommission gebildet, zu der die Rundfunkanstalten je einen Vertreter entsenden.

11. Zur Ermittlung gleichmäßiger und genauer Unterlagen über die Kosten des Fernsehens und die von den einzelnen Rundfunkanstalten dafür erbrachten Leistungen verpflichten sich alle Rundfunkanstalten zu

a) Trennung der Buchführung zwischen Hörfunk und Fernsehen;
b) übereinstimmenden Kontenplänen;
c) gemeinschaftlichen Buchungsrichtlinien über Fernsehvorgänge;
d) gemeinsamen Richtlinien über die Kostenerfassung im Fernsehen.

12. Die vertragschließenden Rundfunkanstalten beauftragen die Fernsehkommission der Arbeitsgemeinschaft mit der Berichterstattung über die Erfahrungen, die sich aus der Anwendung dieses Vertrages ergeben sowie mit der Ausarbeitung von etwaigen Vorschlägen über die weitere Ausgestaltung des Vertrages.

13. Sollte sich bei der Durchführung dieses Vertrages für eine der beteiligten Rundfunkanstalten ein unangemessener finanzieller Vorteil oder ein unangemessener finanzieller Nachteil ergeben, kann die Entscheidung eines Schiedsgerichts angerufen werden. Das Schiedsgericht besteht aus einem Vorsitzenden und zwei Beisitzern, die jeweils vom Präsidenten des Bundesrechnungshofes ernannt werden.

Das Schiedsgericht soll auch bei sonstigen Streitigkeiten aus diesem Vertrag entscheiden. Der ordentliche Rechtsweg ist ausgeschlossen.

Der Vertrag wird auf unbestimmte Zeit geschlossen. Er kann mit einer Frist von 6 Monaten zum 31. März jedes Jahres, erstmalig auf den 31. März 1955 gekündigt werden.

## 4.5. Fernsehurteil
### des Bundesverfassungsgerichts (1961)

[...] Im *Bund-Länder-Streit* mußte das Bundesverfassungsgericht feststellen, daß der Bund durch die Gründung der Deutschland-Fernsehen-GmbH sowohl gegen die grundgesetzliche Abgrenzung der Verwaltungsbefugnisse von Bund und Ländern als auch gegen die Pflicht zu bundesfreundlichem Verhalten und schließlich gegen die durch Art. 5 GG gewährleistete Rundfunkfreiheit verstoßen hat.
a) Nach Art. 30 GG ist die Erfüllung der staatlichen Aufgaben Sache der Länder, soweit nicht das Grundgesetz eine andere Regelung zugunsten des Bundes getroffen oder zugelassen hat. Das Gericht hat festgestellt, daß die Veranstaltung von Rundfunksendungen nach der deutschen Rechtsentwicklung eine öffentliche Aufgabe ist, die zu einer »staatlichen Aufgabe« im Sinne von Art. 30 GG wird, wenn sich der Staat in irgendeiner Form – auch dann, wenn er sich privatrechtlicher Formen bedient – mit dieser Aufgabe befaßt. Deshalb fällt die Gründung der Deutschland-Fernsehen-GmbH unter die Abgrenzung der Befugnisse von Bund und Ländern durch Art. 30 GG.
Für die Gründung der Gesellschaft hat das Grundgesetz keine andere Regelung getroffen, und zwar insbesondere nicht dadurch, daß nach Art. 87 Abs. 1 GG die Bundespost in bundeseigener Verwaltung geführt wird. Die Veranstaltung von Rundfunksendungen – und das ist nach ihrer Satzung die Aufgabe der Gesellschaft – gehört weder zum Post- und Fernmeldewesen (Art. 73 Nr. 7 GG) noch zur Bundespost (Art. 87 Abs. 1 GG).
Die Errichtung posteigener Sender, die zur Ausstrahlung eines zweiten Fernsehprogramms bestimmt sind, fällt jedoch

in den Aufgabenbereich der Bundespost. Durch den Bau dieser Sender hat der Bund nicht gegen das Grundgesetz verstoßen.
Die Bundespost ist auch zuständig für »Verleihungen« zur Errichtung und zum Betrieb von Rundfunksendeanlagen (§ 2 des Fernmeldeanlagengesetzes von 1928), also für die Zuteilung der Wellenbereiche, die Bestimmung der Stärke der Sender usw. Die Bundespost ist aber gehalten, bei diesen »Verleihungen« und beim Abschluß von Verträgen über die Benutzung solcher Anlagen ausschließlich sendetechnische Gesichtspunkte zu berücksichtigen. »Auflagen«, die diesen Bereich verlassen, wären unzulässig.
Die Veranstaltung von Rundfunksendungen durch den Bund kann auch nicht damit gerechtfertigt werden, daß sie eine »überregionale« Aufgabe sei oder daß das Grundgesetz die Veranstaltung solcher Sendungen durch den Bund zugelassen habe, die der nationalen Repräsentation nach innen und der Pflege »kontinuitätsbewahrender Tradition« dienen sollen. Der Bund hat hierfür keine Befugnisse aus »der Natur der Sache«.
Das Gericht hat offengelassen, ob der Bund kraft seiner Zuständigkeit für auswärtige Angelegenheiten und gesamtdeutsche Fragen weiterreichende Gesetzgebungs- und Verwaltungsbefugnisse hat. Denn diese Befugnisse könnten sich nur auf die Veranstalter und die Veranstaltung von Rundfunksendungen beziehen, die ausschließlich oder doch ganz überwiegend für das Ausland oder die Deutschen außerhalb der Bundesrepublik Deutschland bestimmt sind. Die Deutschland-Fersehen-GmbH hat aber nicht die Aufgabe, ausschließlich oder ganz überwiegend *solche* Sendungen zu veranstalten.
Für die nach der Zuständigkeitsverteilung des Grundgesetzes notwendige Zusammenarbeit von Bund und Ländern auf dem Gebiet des Rundfunks muß für beide Seiten der Grundsatz bundesfreundlichen Verhaltens gelten.
b) Auch die Art und Weise des Vorgehens bei Verhandlungen, die zwischen dem Bund und seinen Gliedern im Verfas-

sungsleben erforderlich werden, und der Stil bei diesen Verhandlungen stehen unter dem Gebot des bundesfreundlichen Verhaltens. Bei der Gründung der Deutschland-Fernsehen-GmbH hat der Bund gegen dieses Gebot verstoßen, wie im Urteil im einzelnen dargelegt wird.

c) Das Gericht hat schließlich festgestellt, daß die Gründung der Deutschland-Fernsehen-GmbH auch mit Art. 5 GG nicht vereinbar ist. Neben der Presse ist der Rundfunk ein mindestens gleich bedeutsames, unentbehrliches modernes Massenkommunikationsmittel. Der Rundfunk ist nicht nur Medium, sondern auch Faktor der öffentlichen Meinungsbildung. Für ihn ist die institutionelle Freiheit nicht weniger wichtig als für die Presse. Das kommt in Art. 5 GG eindeutig zum Ausdruck.

Die Situation im Rundfunkwesen erfordert aber besondere Vorkehrungen zur Verwirklichung der in Art. 5 GG gewährleisteten Freiheit des Rundfunks. Eines der diesem Zweck dienlichen Mittel ist die Errichtung juristischer Personen des öffentlichen Rechts, die staatlichem Einfluß im wesentlichen entzogen sind und deren Organe in angemessenem Verhältnis aus Repräsentanten aller bedeutsamen politischen, weltanschaulichen oder gesellschaftlichen Gruppen zusammengesetzt sind. Es steht mit Art. 5 GG nicht in Widerspruch, wenn einer mit solchen Sicherungen ausgestatteten Institution unter den gegenwärtigen technischen Gegebenheiten und auf Landesebene ein Monopol für die Veranstaltung von Rundfunkdarbietungen eingeräumt wird. Aus Art. 5 GG folgt aber keinesfalls die Notwendigkeit, ein solches Monopol für eine Institution im Lande zu begründen.

Art. 5 GG fordert allerdings nicht, daß Rundfunksendungen nur von Personen des öffentlichen Rechts veranstaltet werden. Auch rechtsfähige Gesellschaften des privaten Rechts können Träger solcher Veranstaltungen sein. Art. 5 GG verlangt aber, daß der Rundfunk weder dem Staat noch *einer* gesellschaftlichen Gruppe ausgeliefert wird. Die organisatorischen und sachlichen Grundsätze für die Veranstaltung von Rundfunksendungen müssen durch Gesetz allgemein ver-

bindlich gemacht werden. Art. 5 GG fordert den Erlaß solcher Gesetze.
Art. 5 GG schließt aus, daß der Staat eine Anstalt oder Gesellschaft beherrscht, die Rundfunksendungen veranstaltet. Die Deutschland-Fernsehen-GmbH ist aber völlig in der Hand des Staates. Das kann nicht durch einen Hinweis auf Gründungsvertrag und Satzung der Gesellschaft entkräftet werden. Denn das Gesellschaftsrecht und die Gesellschaftssatzung bieten keinerlei Gewähr gegen eine Veränderung der gegenwärtigen Gestalt der Gesellschaft. Es ist ein elementarer Unterschied, ob die organisatorischen Vorkehrungen und sachlichen Leitgrundsätze zum Zwecke der Erhaltung der Freiheit des Rundfunks in einem Gesetz oder in einem Gesellschaftsvertrag enthalten sind.

## 5. Von der Gründung des ZDF bis zum Ende des öffentlich-rechtlichen Rundfunkmonopols

### 5.1. *Staatsvertrag über das ZDF (1961)*

§ 1 (Errichtung, Name, Sitz)

(1) Die Länder errichten zur Verbreitung des Zweiten Fernsehprogramms eine gemeinnützige Anstalt des öffentlichen Rechts mit dem Namen »Zweites Deutsches Fernsehen«.
(2) Die Anstalt hat das Recht der Selbstverwaltung im Rahmen der nachfolgenden Bestimmungen.
(3) Die Anstalt hat ihren Sitz in Mainz.

§ 2 (Gestaltung der Sendungen)

In den Sendungen der Anstalt soll den Fernsehteilnehmern in ganz Deutschland ein objektiver Überblick über das Weltgeschehen, insbesondere ein umfassendes Bild der deutschen Wirklichkeit vermittelt werden.
Diese Sendungen sollen vor allem auch der Wiedervereinigung Deutschlands in Frieden und Freiheit und der Verständigung unter den Völkern dienen. Sie müssen der freiheitlich-

demokratischen Grundordnung entsprechen und eine unabhängige Meinungsbildung ermöglichen.

### § 3 (Berichterstattung)

(1) Die Berichterstattung soll umfassend, wahrheitsgetreu und sachlich sein. Herkunft und Inhalt der zur Veröffentlichung bestimmten Berichte sind sorgfältig zu prüfen.
(2) Nachrichten und Kommentare sind zu trennen; Kommentare sind als persönliche Stellungnahme zu kennzeichnen.

[...]

### § 5 (Verlautbarungsrecht)

Die Bundesregierung und die Landesregierungen haben das Recht, Gesetze, Verordnungen und amtliche Verlautbarungen ihren Aufgaben entsprechend bekanntzugeben. Hierfür ist ihnen die erforderliche Sendezeit unverzüglich einzuräumen.

### § 6 (Anspruch auf Sendezeit)

(1) Parteien, die im Bundestag vertreten sind, haben während ihrer Beteiligung an Bundestagswahlen Anspruch auf angemessene Sendezeit. Das gleiche gilt für Parteien, die bei einer Bundestagswahl mindestens einen Landeswahlvorschlag eingereicht haben.
(2) Parteien, die im Bundestag oder in den gesetzgebenden Körperschaften von mindestens drei Ländern vertreten sind, sollen im übrigen die Möglichkeit haben, ihre Auffassungen zu angemessener Sendezeit zu vertreten.
(3) Den Kirchen und den anderen über das ganze Bundesgebiet verbreiteten Religionsgesellschaften des öffentlichen Rechts sind auf Wunsch angemessene Sendezeiten für die Übertragung gottesdienstlicher Handlungen und Feierlichkeiten sowie sonstiger religiöser Sendungen, auch solcher über Fragen ihrer öffentlichen Verantwortung, zu gewähren. Mit den israelitischen Kultusgemeinden sind entsprechende Vereinbarungen zu treffen.

(4) Wenn Vertretern der politischen Parteien, der Kirchen, der verschiedenen religiösen und weltanschaulichen Richtungen und den Vertretern der Organisation der Arbeitgeber und Arbeitnehmer Gelegenheit zur Aussprache gegeben wird, so ist ihnen die Möglichkeit der Rede und Gegenrede unter jeweils gleichen Bedingungen zu gewähren.

[...]

## § 12 (Organe der Anstalt)

Die Organe der Anstalt sind
1. der Fernsehrat,
2. der Verwaltungsrat,
3. der Intendant.

## § 13 (Aufgaben des Fernsehrates)

(1) Der Fernsehrat hat die Aufgabe, für die Sendungen des Zweiten Deutschen Fernsehens Richtlinien aufzustellen und den Intendanten bei der Programmgestaltung zu beraten. Er überwacht die Einhaltung der Richtlinien und der in den §§ 2 bis 6 und 10 aufgestellten Grundsätze.
(2) Der Fernsehrat beschließt über den vom Verwaltungsrat vorzulegenden Entwurf der Satzung; das gleiche gilt für Satzungsänderungen. Sofern der Fernsehrat Satzungsänderungen beabsichtigt, ist der Verwaltungsrat vorher zu hören.
(3) Der Fernsehrat genehmigt den Haushaltsplan. Das gleiche gilt für den Jahresabschluß und die Entlastung des Intendanten auf Vorschlag des Verwaltungsrates.

## § 14 (Zusammensetzung des Fernsehrates)

(1) Der Fernsehrat besteht aus sechsundsechzig Mitgliedern, nämlich

a) je einem Vertreter der vertragschließenden Länder, der von der zuständigen Landesregierung entsandt wird,
b) drei Vertretern des Bundes, die von der Bundesregierung entsandt werden,
c) zwölf Vertretern der Parteien entsprechend ihrem Stär-

keverhältnis im Bundestag, die von ihrem Parteivorstand entsandt werden,

d) zwei von der Evangelischen Kirche in Deutschland entsandten Vertretern,

e) zwei von der Katholischen Kirche in Deutschland entsandten Vertretern,

f) einem vom Zentralrat der Juden in Deutschland entsandten Vertreter,

g) drei Vertretern der Gewerkschaften,

h) zwei Vertretern der Bundesvereinigung Deutscher Arbeitgeberverbände,

i) einem Vertreter des Zentralausschusses der Deutschen Landwirtschaft,

k) einem Vertreter des Zentralverbandes des Deutschen Handwerks,

l) zwei Vertretern des Bundesverbandes Deutscher Zeitungsverleger,

m) zwei Vertretern des Deutschen Journalistenverbandes e. V.,

n) vier Vertretern der Freien Wohlfahrtsverbände, und zwar je einem der Inneren Mission und des Hilfswerks der Evangelischen Kirche in Deutschland, des Deutschen Caritasverbandes e. V., des Deutschen Roten Kreuzes und des Hauptausschusses der Deutschen Arbeiterwohlfahrt e. V.,

o) vier Vertretern der kommunalen Spitzenverbände, und zwar je einem des Städtetages, des Städtebundes, des Landkreistages und des Gemeindetages,

p) einem Vertreter des Deutschen Sportbundes,

q) einem Vertreter des Bundes der Vertriebenen,

r) zehn Vertretern aus den Bereichen des Erziehungs- und Bildungswesens, der Wissenschaft und der Kunst,

sowie je einem Vertreter

der Freien Berufe,

der Familienarbeit,

der Frauenarbeit,

der Jugendarbeit.

(2) Die unter Absatz 1 Buchst. g bis q aufgeführten Vertreter werden auf Vorschlag der dort bezeichneten Verbände und Organisationen durch die Ministerpräsidenten berufen. Die Verbände und Organisationen haben in ihre Vorschläge die dreifache Zahl der auf sie entfallenden Vertreter aufzunehmen. Der Vorsitzende der Ministerpräsidentenkonferenz bestimmt, bis zu welchem Zeitpunkt die Vorschlagslisten einzureichen sind.

(3) Die unter Absatz 1 Buchst. r aufgeführten Vertreter werden von den Ministerpräsidenten aus den Angehörigen der dort aufgeführten Bereiche berufen.

[...]

(7) Die Mitglieder des Fernsehrates sind an Weisungen nicht gebunden. Sie dürfen weder für die Anstalt noch für eine andere Rundfunkanstalt oder einen Zusammenschluß von Rundfunkanstalten gegen Entgelt tätig sein. Dies gilt nicht für eine gelegentliche nichtständige Vortragstätigkeit. Die Mitglieder des Fernsehrates dürfen keine wirtschaftlichen oder sonstigen Interessen haben, die geeignet sind, die Erfüllung ihrer Aufgaben als Mitglieder des Fernsehrates zu gefährden. Tritt eine solche Interessenkollision ein, so scheidet das Mitglied aus dem Fernsehrat aus.

[...]

## § 16 (Aufgaben des Verwaltungsrates)

(1) Der Verwaltungsrat beschließt über den Dienstvertrag mit dem Intendanten. Der Vorsitzende des Verwaltungsrates vertritt die Anstalt beim Abschluß des Dienstvertrages und beim Abschluß sonstiger Rechtsgeschäfte mit dem Intendanten sowie bei Rechtsstreitigkeiten zwischen der Anstalt und dem Intendanten.

(2) Der Verwaltungsrat überwacht die Tätigkeit des Intendanten.

(3) Der Verwaltungsrat legt dem Fernsehrat den Entwurf der Satzung der Anstalt vor. Er hat das Recht, Änderungen der Satzung vorzuschlagen.

(4) Der Verwaltungsrat beschließt über den vom Intendanten

entworfenen Haushaltsplan, der dem Fernsehrat gemäß § 13 zur Genehmigung zuzuleiten ist. Das gleiche gilt für den Jahresabschluß.

§ 17 (Zusammensetzung des Verwaltungsrates)

(1) Der Verwaltungsrat besteht aus neun Mitgliedern, nämlich

a) drei Vertretern der Länder, die von den Ministerpräsidenten berufen werden; die Ministerpräsidenten werden sich bemühen, die Berufungen möglichst einmütig vorzunehmen;

b) fünf weiteren Mitgliedern, die vom Fernsehrat mit der Mehrheit seiner Mitglieder gewählt werden; diese dürfen weder einer Regierung noch einer gesetzgebenden Körperschaft angehören; wählbar sind auch die Mitglieder des Fernsehrates;

c) einem Vertreter des Bundes, der von der Bundesregierung berufen wird.

[...]

§ 19 (Wahl und Amtszeit des Intendanten)

(1) Der Intendant wird vom Fernsehrat auf die Dauer von fünf Jahren in geheimer Wahl gewählt. Für die Wahl sind mindestens drei Fünftel der Stimmen der Mitglieder erforderlich. Wiederwahl ist zulässig.

(2) Der Verwaltungsrat kann den Intendanten mit Zustimmung des Fernsehrates entlassen, die Beschlüsse beider Organe bedürfen der Mehrheit der Mitglieder. Der Intendant ist vor der Beschlußfassung zu hören. Mit der Entlassung scheidet der Intendant aus seiner Stellung aus; die Bezüge sind ihm für die Dauer der Wahlzeit weiterzugewähren.

§ 20 (Der Intendant)

(1) Der Intendant vertritt die Anstalt gerichtlich und außergerichtlich. Er ist für die gesamten Geschäfte der Anstalt einschließlich der Gestaltung des Programms verantwortlich.

(2) Der Intendant beruft im Einvernehmen mit dem Verwaltungsrat
 a) den Programmdirektor,
 b) den Chefredakteur,
 c) den Verwaltungsdirektor.

[...]

§ 22 (Programmgestaltung und -ausstrahlung)

(1) Der Intendant ist für das gesamte Programm verantwortlich.
(2) Soweit die Anstalt das Programm nicht selbst herstellt, kann sie es von Dritten herstellen lassen oder erwerben. Sie kann auch mit anderen Rundfunkanstalten Abmachungen über die Lieferung und den Austausch von Programmteilen treffen.
(3) Das Werbeprogramm ist vom übrigen Programm deutlich zu trennen. Die Gesamtdauer des Werbeprogramms wird durch Vereinbarung der Ministerpräsidenten festgesetzt.\* Nach 20.00 Uhr sowie an Sonntagen und im ganzen Bundesgebiet anerkannten Feiertagen dürfen Werbesendungen nicht ausgestrahlt werden. Jeder Einfluß von Werbeveranstaltern oder -trägern auf das übrige Programm ist auszuschließen.
(4) Der Intendant hat durch Zusammenarbeit mit den für das Erste Fernsehprogramm Verantwortlichen darauf hinzuwirken, daß die Fernsehteilnehmer der Bundesrepublik zwischen zwei inhaltlich verschiedenen Programmen wählen können.

§ 23 (Finanzierung)

(1) Die Anstalt erhält dreißig vom Hundert des im Gebiet der vertragschließenden Länder ab 1. Januar 1962 anfallenden

---

\* Beschluß der Ministerpräsidenten vom 8. 11. 1962: In Ausführung des § 22 Abs. 3 Satz 2 des Staatsvertrages über die Errichtung der Anstalt des öffentlichen Rechts Zweites Deutsches Fernsehen vom 6. Juni 1961 und unter Bezugnahme auf Ziff. 1 des dazugehörigen Schlußprotokolls vereinbaren die Ministerpräsidenten, die Gesamtdauer des Werbeprogramms auf höchstens 20 Minuten werktäglich im Jahresdurchschnitt festzusetzen. Nicht ausgenutzte Werbezeit darf jedoch höchstens bis zu 5 Minuten werktäglich nachgeholt werden.

Aufkommens an Fernsehgebühren, soweit diese darüber verfügen. Die Ministerpräsidenten der vertragschließenden Länder sind ermächtigt, die Höhe des Gebührenanteils durch Vereinbarung neu zu regeln. Die Vereinbarung gilt als zustande gekommen, wenn neun der vertragschließenden Länder zustimmen.
(2) Im übrigen deckt die Anstalt ihre Ausgaben durch Einnahmen aus Werbesendungen (§ 22 Abs. 3).

[...]

Schlußprotokoll zu dem Staatsvertrag der Länder
über die Errichtung der Anstalt des öffentlichen Rechts
»Zweites Deutsches Fernsehen«

Die vertragschließenden Länder verpflichten sich,
1. den Anstalten des Landesrechts bezüglich der Werbesendungen in dem von ihnen veranstalteten Ersten Fernsehprogramm die gleichen Verpflichtungen aufzuerlegen, wie sie in § 22 Abs. 3 dieses Staatsvertrages und der dort vorgesehenen Vereinbarung der Ministerpräsidenten der Anstalt »Zweites Deutsches Fernsehen« auferlegt werden,
[...]
3. durch Änderung des Abkommens der Länder über die Koordinierung des Ersten Fernsehprogramms vom 17. April 1959 dafür Sorge zu tragen, daß auch die Anstalten des Landesrechts verpflichtet sind, durch Zusammenarbeit mit dem Intendanten der Anstalt »Zweites Deutsches Fernsehen« darauf hinzuwirken, daß die Fernsehteilnehmer der Bundesrepublik zwischen zwei inhaltlich verschiedenen Programmen wählen können,
4. darauf hinzuwirken, daß die bei den Anstalten des Landesrechts vorhandenen technischen Kapazitäten in vollem Umfang genutzt werden.
[...]

## 5.2. Axel Springer: Presse und Fernsehen (1961)

[...] Das Thema meines Vortrages schließt die Beschäftigung mit den heute und seit vielen Jahren praktizierenden öffentlich-rechtlichen Anstalten ein. Ich glaube, es ist ein Gebot der Fairneß und auf keinen Fall taktisches Spiel, wenn ich sage, daß in diesen Anstalten nach dem Kriege und bis jetzt und sicher auch in der Zukunft gute und sehr gute Arbeit geleistet worden ist und auch geleistet werden wird.

Diese Anstalten waren neben der wiedererstandenen freien Presse Wegbereiter der Demokratie. Sie waren Erzieher zum eigenen politischen Nachdenken und zur politischen Meinungsbildung, indem sie objektives Tatsachenmaterial anboten und in ausgewogenen, keineswegs einseitigen Kommentaren dann die Ereignisse darstellten. Die Zahl der Sender und der Organisationen war zwar begrenzt, aber nicht den Einschränkungen unterworfen wie damals die Tages- und Wochenpresse. Dadurch kam dem Rundfunk in den Jahren des Wiederaufbaus eine außerordentliche Bedeutung zu. Er hat seine damalige Aufgabe zweifellos nach bestem Gewissen, Wissen und Können erfüllt. [...]

Mit Sicherheit ist die privilegierte Sendeanstalt vielen Erscheinungen auf dem Gebiet des rein kommerziellen Sendebetriebs in den klassischen Fernsehländern Amerika und England überlegen. Wir wissen natürlich alle, daß das Um-jeden-Preis-ankommen-Wollen vielfach auch schon das Untergehen bedeutet.

Zu den natürlichen Schattenseiten der öffentlich-rechtlichen Gesellschaften gehört allerdings wohl die große Verführung, die immer dann auftritt, wenn das zwar sehr diesseitige, aber ebenso anstrengende wie gesunde Prinzip des Anschaffenmüssens vor der Möglichkeit des Verteilens überhaupt nicht mehr zum Tragen kommt. Jedenfalls Zwangsabonnements bei Alleinstellung ohne Wettbewerber wären beim Aufbau unserer Zeitungen uns Verlegern sicherlich schlecht bekommen. [...]

Das Bekenntnis zu diesem Typ der Anstalten bedeutet ja

wohl doch nicht, daß *dieser* Typ der Anstalten der einzig mögliche Typ überhaupt ist. Ich darf Sie daran erinnern, daß das Bundesverfassungsgericht in Karlsruhe ja ausdrücklich festgestellt hat, daß es keine Ausschließlichkeit für Rundfunk und Fernsehen bei Körperschaften des öffentlichen Rechts gibt, das heißt also, daß auch private Gesellschaften, die die institutionelle Freiheit wahren und die einer Staatsaufsicht unterworfen sind, ebenfalls für Sendungen im Rundfunk und Fernsehen zugelassen werden können.

Im übrigen hat meine trotz mancher Bedenken jahrelang vorhandene große Vorliebe für die Institutionsform der öffentlich-rechtlichen Anstalten einen mächtigen Stoß erhalten, als das Reinheitsprinzip dieser Anstalten verletzt wurde. Um es deutlich zu sagen: als man trotz aller Privilegien, trotz aller Sonderstellung, trotz Befreiung von Körperschaftssteuer und Umsatzsteuer, trotz Gebührenzwangs auch noch in schöner Unbekümmertheit sich auf den freien Markt begab und sich Anzeigenteile zulegte. Und mich hat es nie überzeugen können, daß dann gesagt wurde, die Überschüsse werden kulturellen Zwecken zugeführt. [...]

Die Nachricht, wie wir alle wissen, ist das größte Attraktivum der Zeitung, und völlig legitim stellt der Zeitungsleser zuerst und immer wieder zuerst an seine Zeitung die Frage: Was gibt es Neues? Diese Frage beantworten wir primär mit der Nachricht. Und es führt kein Weg drum herum, daß aus diesem Grunde seit dem Bestehen der Zeitungen die Nachricht das Führpferd der Presse ist.

Wie sieht es nun im Fernsehzeitalter um die Wettbewerbslage zwischen Presse und Bildschirm im Hinblick auf die Nachricht aus? Das schnellste und modernste Mittel der Nachrichtenübermittlung ist nicht in unserer Hand.

Ein Ereignis, das um 6 Uhr nachmittags geschieht, ist mit Sicherheit um 8 Uhr auf dem Bildschirm. Wir kommen am nächsten Morgen. Bewußt überspitzt formuliert heißt das: Im Zeitalter der schnellsten Nachrichtenübermittlung auf dem Bildschirm leben wir Zeitungsverleger im Zeitalter der

Postkutsche. Unsere Wettbewerber, die vom Staat ins Leben gerufenen öffentlich-rechtlichen Anstalten, sind dagegen echte Kinder des Düsenflugzeug-Zeitalters.

Ich muß einmal mit Nachdruck fragen: Wo steht eigentlich geschrieben, daß wir Zeitungsverleger heute und für alle Zeiten allein auf die Rotationsmaschine angewiesen sein müssen? Ist es fair, sinnvoll und klug, die technische Weiterentwicklung der Zeitung dadurch zu behindern, daß der Staat ganz einseitig öffentlich-rechtlichen Anstalten das Recht des Sendens gibt? [...]

Aus der Sicht des Bundesverfassungsgerichtes sind Presse, Rundfunk und Fernsehen in einer modernen Demokratie unentbehrliche Mittel, durch die Einfluß auf die öffentliche Meinung mit gebildet wird. Presse, Rundfunk und Fernsehen erfüllen deswegen öffentliche Aufgaben und sind in ihrer Tätigkeit verfassungsrechtlich gegenüber dem Staat garantiert. Das heißt, die öffentliche Aufgabe der Presse steht im Schutz gleichgewichtig neben der öffentlichen Aufgabe von Rundfunk und Fernsehen. Es ist verfassungsrechtlich nicht zulässig, daß die Träger öffentlicher Aufgaben durch Vorteile, die man Rundfunk und Fernsehen einräumt, benachteiligt werden. [...]

Ein Vortrag wie der heutige sollte wohl nicht enden, ohne den Versuch zu machen, Empfehlungen zu geben. Und wenn ich diese Empfehlungen geben darf, so wären es diese:

1. Eine energische und gründliche Überprüfung der rechtlichen Situation, in der wir uns befinden. Es gibt höchstrichterliche Entscheidungen, die für uns nicht ungünstig sind, und es gibt darüber hinaus eine Fülle von für uns gut zu Buch schlagender Argumente.

2. Ich glaube, weiter sollte eine überzeugungskräftige Delegation der Zeitungsverleger ihr Werk fortsetzen und im Gespräch mit den Ministerpräsidenten und ihren Beauftragten bleiben.

3. Wir sollten alle auf unseren Kanälen versuchen, die Mitglieder der Landesparlamente aufzuklären, die sich offensichtlich – ob sie der SPD, CDU, FDP oder einer anderen

Partei angehören – überhaupt noch keine Gedanken darüber gemacht haben.
4. Wir sollten zur Gründung von Gesellschaften schreiten, auf Bundes- und oder Länderebene, die der Forderung der Verleger auf Mitbeteiligung am Fernsehen sichtbaren Ausdruck verleiht.

### 5.3. Kommission des Bundestages: Keine Wettbewerbsverzerrung zwischen Presse und Rundfunk (1967) (Zusammenfassung)

*Nach dem Bericht bestehen zwischen Presse und Rundfunk keine Wettbewerbsverzerrungen. Ein Verlegerfernsehen begegnet verfassungsrechtlichen und wettbewerbspolitischen Bedenken.*
[...] Die Entwicklung des Rundfunks war durch das stetige Anwachsen der Hörfunk- und Fernsehteilnehmerzahlen gekennzeichnet. Dadurch stiegen die Gebühreneinnahmen ständig (1956: 264 Mill. DM; 1966: 713 Mill. DM). Auch die Werbeerlöse der Rundfunkanstalten nahmen infolge der Ausdehnung der Werbezeiten und der Erhöhung der Werbepreise von Jahr zu Jahr zu. Sie erreichten 1966 342 Mill. DM. Der Anteil der Werbeerlöse an den Gesamterlösen betrug bei den Landesrundfunkanstalten 1964 33 % und 1966 32 %. Die Gesamteinnahmen des ZDF bestanden 1964 noch zu 29 % aus Werbeerlösen, 1966 bereits zu 47 %.[2] *Diese Relationen zeigen, in welchem Umfang die Rundfunkanstalten sich heute aus Werbung finanzieren. Ein Entzug der Rundfunkwerbung müßte erhebliche Auswirkungen auf die Programmleistungen oder die Gebührenhöhe haben, soweit der Einnahmenausfall*

---

2. Die neuesten ökonomischen Zahlen für den Rundfunk lauten:
- Erträge durch Hörfunk- und Fernsehgebühren     3 757 Mill. DM (1983)
- Erträge der ARD-Landesrundfunkanstalten     4 595 Mill. DM (1983)
  davon: 65 % aus Gebühren
            19 % aus Werbung
- Erträge des ZDF     1 336 Mill. DM (1982)
  davon: 50 % aus Gebühren
            36 % aus Werbung

*nicht durch Rationalisierungsmaßnahmen aufgefangen werden kann.* Das Anwachsen der Einnahmen hat die Rundfunkanstalten in die Lage versetzt, die Zahl der Programme zu erhöhen und die Sendedauer auszuweiten.
Nach den Feststellungen der Kommission konnten Zeitungen und Zeitschriften in demselben Zeitraum im allgemeinen ihre Auflagen steigern. Bei den Zeitungen stiegen am stärksten die Auflagen der Straßenverkaufszeitungen, der Sonntagszeitungen und der politischen Wochenblätter; geringer war der Zuwachs bei den Abonnementzeitungen. Diese Aussage gilt auch für die Auflagenentwicklung im Jahre 1966, in dem ein Konjunkturrückgang eintrat. Die Auflagen wuchsen bei steigenden Bezugspreisen. Die Preispolitik der Verlage ließ keine Rücksichtnahme auf das steigende Angebot an Fernseh- und Hörfunksendungen erkennen.
*Auch die Erlöse von Zeitungen und Zeitschriften entwickelten sich günstig. Bei den Abonnementzeitungen haben sich die Zeitungserlöse zwischen 1956 und 1964 mehr als verdoppelt (Zunahme der Vertriebserlöse 55 %, Zunahme der Anzeigenerlöse 175 %).* Bei den Straßenverkaufszeitungen sind die Erlöse in demselben Zeitraum um das 2½fache gestiegen (Zunahme der Vertriebserlöse 67 %, Zunahme der Anzeigenerlöse 459 %). Ähnliche Zuwächse haben die Untersuchungen bei den politischen Wochenblättern und den Unterhaltungszeitschriften ergeben.
Diese Erlösentwicklung geht nicht nur auf die gestiegenen Auflagen und Bezugspreise zurück. Auch die Anzeigenpreise erhöhten sich. In erster Linie wirkte sich jedoch eine Mengenkonjunktur im Anzeigengeschäft aus, die zu einer Zunahme der Anzeigenseiten führte. Bei den Abonnementzeitungen betrug z. B. der relative Zuwachs der Anzeigenseiten zwischen 1956 und 1964 88 %, bei den Straßenverkaufszeitungen 208 %.[3] [...]
In dem Bericht wird festgestellt, daß sich der Markt für Spielfilme nach dem Aufkommen des Fernsehens und dem Rück-

---

3. 1982 belief sich der Umsatz der Zeitungsverlage auf 11570 Mill. DM; 53 % davon wurden aus Anzeigenerlösen erzielt.

gang der Zahl der Filmtheater verengt hat. Die Marktstellung der deutschen Spielfilmproduzenten wird als prinzipiell ungünstig bezeichnet. Dafür sind strukturelle Schwächen der deutschen Filmwirtschaft, die nicht immer befriedigende Qualität der Filme, das Überangebot an ausländischen Filmen und die stärkere Exportförderung in anderen EWG-Staaten die Ursachen. Als weitere Belastung ist das Fernsehen hinzugekommen. Es hat die Freizeitgewohnheiten erheblich verändert.

Die strukturelle Entwicklung der Filmwirtschaft war nach dem Bericht durch die Abnahme der Zahl der Filmtheater, durch das Ausscheiden zahlreicher inländischer Verleiher aus dem Markt und durch eine verstärkte Risikoübernahme durch die Verleiher bei der inländischen Filmproduktion gekennzeichnet. *Zugleich fand eine zunehmende Verlagerung der Filmproduktion auf die Zweige Fernsehproduktion, öffentliche Aufträge, Wirtschaftsfilme und Fernsehspots statt.* Die Spielfilmateliers wurden infolge des Rückgangs der Spielfilmproduktion zunehmend krisenanfälliger, was dazu beitrug, daß sich Rundfunkanstalten an einigen Atelierunternehmen beteiligten.

## Wettbewerb innerhalb der Presse erheblich stärker als zwischen Presse und Rundfunk

*Auf den Gebieten Information und Unterhaltung sind die Wettbewerbsbeziehungen zwischen Presse und Rundfunk nach dem Bericht schwach.* Die Kommission hat die möglichen Wettbewerbsbeziehungen nach den Eigenarten der angebotenen Leistungen geprüft und dabei festgestellt, daß ein erheblicher Teil der angebotenen Leistungen so differenziert ist, daß ein Vergleich nicht mehr möglich ist. *Die Presse bietet nach dem Bericht außerdem wichtige redaktionelle Leistungen, die vom Rundfunk völlig unabhängig sind.* Presse und Rundfunk differenzierten sich durch einen Prozeß der gegenseitigen Anpassung immer mehr, wodurch sich beide Medien zunehmend ergänzten. Zwar läßt sich quantitativ nicht mit Sicherheit feststellen, wieweit Presse und Rundfunk im Verhältnis der Komplementarität oder der Substitution stehen. Mit Sicherheit läßt sich jedoch sagen, daß die Komplementarität überwiegt. Dies bedeutet jedoch nicht, daß die komplementären Beziehungen keinen Einfluß auf die Märkte der Medien ausüben. Der Anpassungsprozeß kann vielmehr zu einer Verschärfung des Wettbewerbs innerhalb der Medien führen.

*Daß sich Rundfunk und Presse, insbesondere Fernsehen und Tageszeitungen, publizistisch ergänzen, wird nach dem Bericht durch die Ergebnisse der Kommunikationsforschung bestätigt. Die Zeitung wird in zunehmendem Umfang gelesen, unabhängig vom Besitz eines Fernsehgerätes oder eines Radioapparates. Es spricht sogar vieles dafür, daß das Fernsehen die Nachfrage nach aktuellen Informationen erhöht hat.* Zudem wird die Zeitung von der weit überwiegenden Zahl der Leser wegen des Lokalteils bezogen. *Der Rundfunk scheidet dagegen als Informationsquelle für lokale Informationen zur Zeit aus.*

*Auch auf dem Werbemarkt bestehen nach dem Bericht nur lockere und zudem sehr differenzierte Wettbewerbsbeziehungen zwischen Presse und Rundfunk.* Das trifft selbst dann zu, wenn man die Werbung für Markenartikel und Dienstleistungen isoliert betrachtet. Im intermediären Wettbewerb bestehen die relativ engsten Beziehungen zwischen dem Werbefernsehen und den Zeitschriften. *Weitaus intensiver ist jedoch der Wettbewerb zwischen Zeitschriften, vor allem Illustrierten, und Zeitungen.* Im Verhältnis zwischen Illustrierten und Zeitungen ließen sich quantitative Verschiebungen im Werbeaufkommen für Markenartikel und Dienstleistungen feststellen, die mit großer Sicherheit der Konkurrenz der Illustrierten zuzurechnen sind. [...]

*Die Ausführungen zum Wettbewerb zwischen Presse und Rundfunk schließen mit der Feststellung, daß der Vorwurf einer Wettbewerbsverzerrung zu Unrecht erhoben wird.* Soweit Wettbewerbswirkungen vom Rundfunk auf die Presse ausgehen können, sind sie nicht durch die öffentlich-

rechtliche Organisation des Rundfunks, sondern durch mediäre Eigenarten bedingt.
*Die wirtschaftlichen Probleme der Presse sind weder durch die Entwicklung des Fernsehens noch durch das Werbefernsehen erklärbar. Ihre Lösung sollte daher nach Auffassung der Kommission auch nicht mit der Gestaltung der Rundfunkverfassung verquickt werden. [...]*
*Die verfassungs- und verwaltungsrechtlichen Ausführungen gelangen zu der Feststellung, daß die gegenwärtige Gestaltung des Werbehörfunks und des Werbefernsehens mit der Verfassung vereinbar ist.* Verfassungskonform ist aber auch ein völliges Verbot jeder Rundfunkwerbung. *Eine Beteiligung der Zeitungsverleger am Werbefernsehen oder ihre Zulassung zu einem privaten Rundfunk hält die Kommission aus verfassungsrechtlichen Gründen für bedenklich. Die gleichen Bedenken bestehen gegen einen Zugang der Filmwirtschaft.* Es ist allenfalls an die Schaffung oder den institutionellen Ausbau von Beiräten zu denken, in deren Rahmen die wirtschaftlichen Belange von Presse und Film vertreten werden könnten, soweit die kartell- und wettbewerbsrechtlichen Grenzen beachtet werden.

### Vorschlag der Zeitungsverleger zur Übernahme des Zweiten Deutschen Fernsehens (ZDF) wettbewerbspolitisch gefährlich

*Die Kommission lehnt den Vorschlag des Bundesverbandes Deutscher Zeitungsverleger zur Übernahme des Zweiten Deutschen Fernsehens ab. Er ist ungeeignet, eine ausgewogene wirtschaftliche Entwicklung der Medien in ihrem Verhältnis zueinander zu gewährleisten und dem Verfassungsauftrag der Medien gerecht zu werden. Ein von den Zeitungsverlegern allein betriebenes Fernsehen wäre mit dem Ziel eines unabhängigen, wirtschaftlich selbständigen Rundfunks und einer unabhängigen, wirtschaftlich selbständigen Presse unvereinbar. Es entfiele nicht nur die intermediäre Kritik, die für die gegenseitige Kontrolle der Medien in der Öffentlich-*

*keit unerläßlich ist. Es würde auch eine neue beherrschende Stellung der Zeitungsverleger begründet, die durch die potentielle Zusammenfassung des Anzeigengeschäfts dieser Verleger noch erheblich verstärkt würde.*
*Die Kommission hält die Rechtsform der öffentlich-rechtlichen Rundfunkanstalt und die damit verbundene Neutralisierung des Rundfunks auch in der Zukunft für einen unerläßlichen Bestandteil der Rundfunkverfassung.*

### 5.4. Publizistische Gewaltenteilung – Zwei Positionen (1968/1970)

#### 5.4.1. SDR-Intendant Hans Bausch

[...] Es gibt viele Gründe für das immer wieder beschworene »Monopol« der öffentlich-rechtlichen Rundfunkanstalten. Der erste ist, daß es bis heute nicht genug Frequenzen in Europa gibt, um beliebig viele »Veranstalter« von Fernsehprogrammen zuzulassen. In der pluralistischen Gesellschaft lassen sich beliebig viele Druckmaschinen aufstellen. Die bis jetzt zur Verfügung stehenden Frequenzen sind jedoch mit drei Fernsehprogrammen ausgenutzt, ohne daß schon eine gleichmäßige Fernsehvollversorgung aller Einwohner erreicht wäre. [...]
Ob es aber nun fünf oder zehn Jahre dauern mag: eines Tages wird es möglich sein, neue Frequenzbereiche zu erschließen, die zumindest regional die Ausstrahlung weiterer Programme ermöglichen. Es wird leistungsfähige Satelliten und Fernsehempfangsgeräte geben, die – ohne daß eine Bodenstation nötig wäre – die Sendungen aus dem All unmittelbar auf den heimischen Bildschirm bringen werden. Schon gibt es Kassetten, die man in ein Zusatzgerät zum Fernsehapparat einlegt, um auf dem Bildschirm oder auf der Leinwand Programme nach Wahl zu betrachten. Wir werden uns einer »Informationsexplosion« ausgesetzt sehen, wie sie der kanadische Soziologe Marshall Mac Luhan als Flammenzeichen an die Wand der Zukunft geschrieben hat [...].

Wie auf vielen anderen Gebieten, muß auch auf dem Felde der elektronischen Medien in der Perspektive des Jahres 2000 geplant werden. Gibt es aber zu Beginn des letzten Drittels unseres Jahrhunderts in der Bundesrepublik außer kulturpessimistischen Warnungen vor dem heraufziehenden »optischen Zeitalter« und dem »Einfluß der Massenmedien« ein gesellschaftspolitisch überlegtes publizistisches Konzept? Mit Protesten gegen »Monopole«, mit Appellen zur Rettung des Abendlandes, mit gutgemeinten Rezepten zur Bewahrung von Kultur, Sitte und Anstand, mit Forderungen zur geschäftlichen Nutzung des Fernsehens ist es nicht getan.

Die industrielle Gesellschaft braucht auch auf dem Gebiet der Kommunikation große Apparate. Der Konzentrationsprozeß im Pressewesen, das privatwirtschaftlich organisiert ist, hat sein Ende noch keineswegs erreicht. Die Presse, von der Tageszeitung über die Wochenschrift bis zu den Illustrierten samt aller Kombinationsformen, mag ihren Kopf in der Politik oder in der Kultur haben, mit ihren Beinen steht sie ganz und gar im Wirtschaftsleben. An diesem Punkt bildet sich die Lawine von Fragen, auf die so verschiedene bündige Antworten angeboten werden, als könne man das gedruckte Wort, die seriöse Zeitung und die skandalöse Illustrierte, die exklusive Zeitschrift und das Bilderblatt, Hörfunkprogramme sowie alle Bestandteile dreier Fernsehprogramme in einen Topf werfen, indem man das alles als Ware qualifiziert.

Jahrelang war von deutschen Zeitungsverlegern argumentiert worden, das Fernsehen sei lediglich eine technische Neuerung wie das Telefon. Deshalb rechtfertige der Besitz von Druckereien in besonderer Weise die Forderung nach dem Zugang zum Fernsehen, weil die Informationsträger des gedruckten Worts nur dann konkurrenzfähig bleiben könnten, wenn auch sie sich der elektronischen Medien bedienten. Nachdem nun die erste deutsche »Royal Commission« (»Michel-Kommission«) nachgewiesen hat, daß es keinen »Verdrängungswettbewerb« zwischen der Zeitung und dem Fernsehen gibt [vgl. 5.3], scheint sich endlich die Erkenntnis Bahn gebrochen zu haben, daß Zeitung, Hörfunk und Fernsehen eigenständige publizistische Medien mit medienspezifischen Vor- und Nachteilen sind. Jetzt gerade beginnt eine Periode des Lobliedes auf die Zeitung, das ihr durchaus gebührt. Information ist danach keine Ware mehr, kein Verbrauchsgut wie Bockbier, das ebensogut per Faß, per Flasche oder per Dose geliefert werden kann.

In der Tat gibt es tiefgreifende Unterschiede in Form und Wirkung zwischen der Information in der Zeitung, im Hörfunk und im Fernsehen. Lesen, Hören und Sehen verlangen von jedem, der sich informieren läßt, verschiedenartige Bemühungen. Die Erfahrung des letzten Jahrzehnts scheint zu beweisen, daß die Medien sich nicht ausschließen, sondern ergänzen. In den letzten zehn Jahren haben sich mehr als 12 Millionen Menschen in der Bundesrepublik ein Fernsehgerät angeschafft. Dennoch ist die Auflage der Tageszeitungen gestiegen, hat sich die Zahl der Theaterbesucher erhöht und werden mehr Schallplatten verkauft als je zuvor. Lediglich der Spielfilm hat die Existenz des Fernsehens – nicht ohne eigene Schuld freilich – zu spüren bekommen. [...]

Was die Zeitung bringt, steht jederzeit zur Verfügung, verfliegt nicht, bleibt schwarz auf weiß. Jeder kann lesen, wie er will, was er will. Einen bestimmten seriösen Tageszeitungstyp vorausgesetzt, ist die Bemerkung nicht von der Hand zu weisen, Sendungen von Hörfunk und Fernsehen ähnelten den Telegrammen mit dem Zusatz »Brief folgt«; die Rolle des Briefes übernehme dann die sorgsam gearbeitete Tageszeitung.

Aber die vom Faktor Zeit geprägte Information des Rundfunks und die davon abhängige Indisponibilität beim Konsumenten ergeben nicht nur einen wesentlichen Unterschied zwischen dem gedruckten und dem gesprochenen Wort, sondern fordern auch zu unterschiedlichen Gestaltungsformen heraus. Hörfunk und Fernsehen leben von der Chance der Aktualität, die bis zum unmittelbaren Dabeisein bei einer Live-Sendung reicht. Sie erkaufen diesen Vorsprung vor dem gedruckten Wort mit dem Zwang, allgemeiner, allgemeinverständlicher und knapper zu formulieren. Beim Fernsehen

steigern sich die medienbedingten Schwierigkeiten. Nicht jede aktuelle Nachricht ist bildlich erfaßbar, nicht jedes Bild ist unbedingt vorzeigbar, jedes Bild und jeder Film können nur einen Ausschnitt der ganzen Wirklichkeit darbieten.
Die Gefahren der Manipulierbarkeit von Informationen sind prinzipiell beim Fernsehen nicht größer als bei der Zeitung. Während jedoch im Bewußtsein der Konsumenten seit Jahrhunderten das Gefühl lebendig ist, Papier sei geduldig, erwecken Standbild oder Film den Eindruck des Authentischen. Nur der Gebildete reflektiert über die mögliche Unzuverlässigkeit des Bildes. Eine Zeitung mit Qualität verlangt vom Leser intellektuelle Energie. Auch der aufmerksame Hörer muß sich die Mühe machen, eine Vorstellung der beschriebenen Wirklichkeit zu entwickeln. Der Fernsehzuschauer kann auf diese Anstrengung weitgehend verzichten. Das Bild verschafft ihm mühelos eine Vorstellung, der dazu gesprochene Kommentar informiert, klärt und deutet. Der naive Zuschauer bildet sich ein, er sehe mit eigenen Augen, höre mit eigenen Ohren und erfahre so die Wirklichkeit. Ein Fremdwort, ein unverstandener Satz im Hörfunk bereitet ihm Ärger. Der gleiche Satz im Fernsehen gesprochen wird ihm, mit dem Bild vor Augen, verständlicher. Unter Aspekten der geistigen Anstrengung, die jeglicher Urteilsbildung vorausgeht, macht die anspruchsvolle Zeitungslektüre bewußter als Hörfunk und Fernsehen. Doch sei hinzugefügt, daß die Masse des bedruckten Papiers, ob es sich um Zeitungen oder Illustrierte handeln mag, weit unter dem Niveau der hierzulande verbreiteten Hörfunk- und Fernsehprogramme Information als Unterhaltung verkauft und die geistigen Bemühungen ihrer Leser keineswegs strapaziert.
In soziologischen Spielereien wurde nachgewiesen, daß die Zeitung weit mehr Fakten enthält als der Rundfunk. Kein Wunder! Auch in dieser Beziehung ist Papier geduldig. Nur die wenigsten lesen ihre Tageszeitung von der ersten bis zur letzten Seite; man liest zeitökonomisch das Interessierende und überschlägt ganze Seiten. Hörer und Zuschauer dagegen wollen über das Wesentliche und Wichtige informiert wer-

den, und zwar innerhalb eines optimal begrenzten Zeitraums. Ihnen kann nicht eine unübersehbare Fülle von Informationen angeboten werden. Deshalb ist das reine Auszählen von Nachrichtenquantitäten und der daraus sich ergebende Vergleich zwischen den Medien schlicht töricht, weil Unvergleichbares verglichen wird.

Es wäre im übrigen eine Verkennung des Charakters der Programmangebote von Hörfunk und Fernsehen, wollte man die qualitative Bedeutung dieser Medien nur an der Quantität der vermittelten Informationen messen. Auf dem Feld der kulturellen Information, der Musik, des dramatischen Spiels, der Unterhaltung und der Belehrung leisten die gesendeten Programme tagaus, tagein, Stunde um Stunde ihren Dienst, der auf bedrucktem Papier nicht zu leisten ist. Wer sich über alle Details der Kursbewegungen an der Wertpapierbörse informieren will, mag zur Zeitung greifen. Wer sich ein eigenes Urteil über eine neue Oper bilden will, wird die Übertragung in Hörfunk oder Fernsehen vorziehen. Insofern unterscheiden sich Aufgaben und Möglichkeiten der Medien. Selbst im Bereich der Werbung setzt sich immer mehr die Kombination durch; Anzeige und Werbespot werben in medienspezifischer Form für den gleichen Markenartikel.

Angesichts des wirtschaftlich bedingten Konzentrationsprozesses in der Presse und der technischen Entwicklungsmöglichkeiten der elektronischen Medien wird der Ruf nach einem kommunikationspolitischen Konzept für unser Land immer dringlicher. Es bedarf dieses Konzeptes, soll nicht eine Zufallsentscheidung in diesem oder jenem Bundesland oder gar ein Einfluß von außen vollendete Tatsachen schaffen, die später bedauert werden könnten. Wie immer die Entscheidung ausfallen mag, sie wird von gesellschaftspolitischen Überzeugungen geprägt sein. Entweder werden Hörfunk und Fernsehen als »Geschäft« betrachtet oder es wird ihnen eine öffentliche Aufgabe im demokratischen Kräftespiel zugewiesen. [...]

Trennung oder Teilung der Gewalten auch im publizistischen Bereich hat den politischen Sinn, die Übermacht eines einzelnen Trägers von Macht im Kommunikationsprozeß zu vermeiden und durch gegenseitige Kontrolle der Funktionen den Freiheitsraum des Bürgers zu sichern, in dem er sich so umfassend wie möglich informieren kann. Vom Staatsbürger ist hier die Rede, nicht vom Konsumenten; doch darin scheiden sich die Geister. Geht das Prinzip in das Verfassungsrecht ein, daß der privatwirtschaftlich organisierten Presse eine öffentlich-rechtliche Rundfunkorganisation gegenübersteht, ist die publizistische Macht zunächst einmal geteilt. Der Bürger ist nicht völlig den Gesetzen des Marktes ausgeliefert, wenn er sich informieren will. Die gegenseitige Kontrolle der Medien schafft ihm eine Auswahlmöglichkeit.

Diese prinzipielle Teilung publizistischer Macht muß sich freilich innerhalb der Medien fortsetzen. Je mehr selbständige publizistische Einheiten erhalten bleiben, um so besser. Genausowenig wie die Zeitungen ein Monopol darstellen, weil sie alle privatwirtschaftlich arbeiten, so wenig gibt es ein Monopol des Rundfunks, nur weil das Dutzend selbständiger Organismen in der Bundesrepublik gemeinnützig organisiert ist.

Werden einmal weitere Fernsehprogramme möglich sein, dann sollte diese technische Entwicklung die Teilung publizistischer Macht keineswegs aufheben. Selbst wenn diese Programme durch Werbung finanziert würden, könnten sie vor möglichen geschäftlichem oder politischem Mißbrauch bewahrt werden, wenn man die Trägerorganisation etwa in der Form von Stiftungen organisierte, deren Überschüsse dem kulturellen und wissenschaftlichen Leben der Gesellschaft zugute kommen. Gerade angesichts der Erwartung, daß vielleicht amerikanische Satelliten kommerzielle Programme auch in das Haus des deutschen Bürgers bringen oder sowjetrussische Programme auf dem gleichen Weg zu uns gelangen können, scheint es sinnvoll, den nationalen Freiheitsraum der Information sowohl unabhängig vom Geschäft wie auch unabhängig vom Staat der demokratischen Gesellschaft zu erhalten, kontrolliert von den Kräften eben dieser pluralistischen Gesellschaft.

### 5.4.2. Bundesverband der Deutschen Zeitungsverleger

In dem Anfang Mai von der Bundesregierung über die Lage von Presse und Rundfunk veröffentlichten Zwischenbericht ist zu lesen, daß wegen der Aufhebung des Prinzips der »publizistischen Gewaltenteilung« gegen eine Beteiligung der Presse am Rundfunk erhebliche Bedenken erhoben werden. Mit der Verwendung dieses Schlagwortes ist die Bundesregierung einer schlimmen Begriffsverwechslung aufgesessen.

Der Begriff »Gewaltenteilung« wird in Verbindung mit staatsrechtlichen Erörterungen über eine funktionsfähige Demokratie westlicher Prägung verwendet. Gerichte und Richter (Justiz), gesetzgebende Körperschaften (Parlamente, »Legislative«) und Regierungen (»Exekutive«) sollen unabhängig voneinander tätig sein, um sich gegenseitig kontrollieren zu können und Interessenkonflikte der beteiligten Personen auszuschließen. Wird diese »Trennung der Gewalten« aufgehoben, so entsteht eine Diktatur – östlicher oder westlicher Prägung. Bei diesem Gedankengang handelt es sich um ein weltweit anerkanntes »Prinzip«, das grundlegende Bedeutung für jede echte Demokratie besitzt.

Bei dem »Prinzip der publizistischen Gewaltenteilung« handelt es sich weder um ein »Prinzip« noch um eine »Gewaltenteilung« im demokratischen Sinne, sondern schlicht und einfach um eine Begriffsverwirrung, die ein Monopolinhaber, der damalige Vorsitzende der ARD, Intendant Hess, 1965 angezettelt hat, um die ARD allen Erörterungen über die Bewährung der öffentlich-rechtlichen Anstalten im Zusammenhang mit der Forderung nach erhöhten Rundfunkgebühren zu entziehen und zugleich Erörterungen über den Zugang zum Rundfunk für alle potentiellen Konkurrenten, nämlich diejenigen, die bisher ihre Gedanken durch den Druck verbreiten, auszuschließen.

Die »publizistische Gewaltenteilung«, so meint Hess, solle eine gegenseitige Kontrolle der Medien Rundfunk und Presse bewirken. Da das Medium Rundfunk bereits durch seine Aufsichtsgremien kontrolliert wird, meint er also mit seinem neuerfundenen Schlagwort eine Kontrolle der Presse durch den Rundfunk, und das kann, da die Presse privatwirtschaftliche Unternehmensform besitzt, im Rahmen unserer freien Wirtschaft sich also lediglich auf die Berichterstattung, d. h. die vom Medium Druck vermittelten Inhalte erstrecken.

In der Tat ist es ein Prinzip unserer Verfassung, dem zu unterrichtenden Staatsbürger durch eine Vielzahl voneinander unabhängiger publizistischer Einheiten durch Vergleich ihrer Publikationen die Möglichkeit zu geben, den Wahrheitsgehalt der verbreiteten Information zu beurteilen und damit mittelbar eine gegenseitige Kontrolle der einzelnen Einheiten herbeizuführen.

Das Hesssche »Prinzip der publizistischen Gewaltenteilung« kann überhaupt nur so verstanden werden, daß es anstelle der von der Verfassung geforderten Vielfalt publizistischer Einheiten nur zwei sich gegenseitig kontrollierende Elemente, den bei den öffentlich-rechtlichen Anstalten monopolisierten Rundfunk und eine analog mächtige Monopolpresse kennt. Hier offenbart sich das Denken des Monopolinhabers; während auf der einen Seite Anstrengungen gemacht werden, der Presse-Konzentration entgegenzuwirken, die die Vielzahl kleiner Einheiten einschränken könnte, um der Verfassung Genüge zu tun, widersetzt sich unser Monopolrundfunk der Anwendung dieser Verfassung im Rahmen der inzwischen geschaffenen technischen Möglichkeiten der Entmonopolisierung.

Die Anstalten sollten besser vor der eigenen Türe kehren. Bei ihnen ist das Prinzip der »Gewaltenteilung« nämlich eindeutig durchbrochen. Regierungsbeamte, vom Ministerpräsidenten angefangen bis zum Regierungsrat und Parlamentarier jeder Güteklasse sitzen in den Aufsichtsgremien der Rundfunkanstalten, von denen sie kontrolliert werden sollten – und müssen sich somit selbst kontrollieren. Diese Interessenkollision hat zu der bekannten Verschwendung von Geldmitteln und dem ebenso bekannten Kuhhandel um die Vergabe hochbezahlter Posten geführt. Die Gefahren für die Demokratie sind klar erkennbar. Dabei ist unser öffentlich-rechtliches Rundfunksystem eine auf einem frühen technischen Entwicklungsstand beruhende Notlösung: Weil die früher verwendeten Mittelwellen nur eine sehr begrenzte Anzahl von Sendern zuließen, hat man die von der Verfassung für jede publizistische Tätigkeit, also auch für den Rundfunk, geforderte Vielfalt nicht herstellen können und daher öffentlich-rechtliche Anstalten geschaffen, die der öffentlichen Kontrolle unterworfen sein sollen. Schon in den fünfziger Jahren, als die Ultrakurzwellen für den Rundfunk erschlossen wurden, wäre es an der Zeit gewesen, die von der Verfassung geforderte Vielfalt herbeizuführen. In dem bekannten Fernsehurteil [vgl. 4.5] hat das Bundesverfassungsgericht zum Ausdruck gebracht (1961), daß das öffentlich-rechtliche Ordnungsprinzip unseres Rundfunks keine Verfassungsforderung darstellt, wenngleich es (wegen des damaligen Standes der Technik noch) nicht verfassungswidrig sei. Das Bundesverfassungsgericht hielt damals bereits private Sendeanstalten für möglich, wenn bestimmte Voraussetzungen erfüllt werden.

Inzwischen sind neue Frequenzbereiche für Hörfunk und Fernsehen erschlossen, und die Kabeltechnik wurde so vervollkommnet, daß die gleiche Vielfalt, wie sie im Bereich des Druckes besteht, auch im Rundfunk hergestellt werden kann. Erst wenn dem von Staat und Parlament maßgeblich beeinflußten Rundfunkmonopol private Sender gegenüberstehen werden, kann die von der Verfassung vorgeschriebene publizistische Vielfalt als hergestellt angesehen werden.

Daß es sich bei dem »Prinzip publizistischer Gewaltenteilung« keinesfalls um ein weltweit anerkanntes »Prinzip« handelt, beweist die Tatsache, daß die alten Demokratien, z. B. England, Kanada, die Vereinigten Staaten, Australien und Japan, ein gemischtes Rundfunksystem aus öffentlich-rechtlichen und privaten Anstalten besitzen.

Die Bundesregierung, offenbar schlecht beraten, hat also einen faulen Trick zum Prinzip erhoben, wenn sie vom »Prinzip der publizistischen Gewaltenteilung« spricht.

## 5.5. Telekommunikationsbericht (1975)

*Kabelfernsehen* ist als die Verteilung von Rundfunkprogrammen über Kabelnetze anzusehen, in denen neben den ortsüblich empfangbaren Programmen weitere, am Ort drahtlos normalerweise nicht empfangbare oder lokal erzeugte Programme übertragen werden. Das dazu notwendige Breitband-Kabelverteilnetz müßte neu geschaffen werden. Es erlaubt auch die Verteilung von Hörfunkprogrammen. Das Wort Kabelfernsehen hat sich im allgemeinen Sprachgebrauch eingebürgert; präziser müßte man von »Kabelrundfunk« sprechen.

*Kabelfernsehen mit Rückkanal* ist eine Form der Telekommunikation, bei der einigen oder allen Teilnehmern in der Rückwärtsrichtung, d. h. zur Zentralstelle hin, die Übertragung von Nachrichten ermöglicht wird. Da dadurch eine, wenn auch beschränkte Möglichkeit der Rückäußerung gegeben ist, spricht man gelegentlich auch von interaktivem Fernsehen. Verteilnetze geben nur eine in engen Grenzen liegende Möglichkeit der zusätzlichen Nutzung für den Rückkanal. Es können nur schmalbandige Rückkanäle oder nur extrem wenige Breitband-Rückkanäle gebildet werden. [...]

Empfehlung:

*Da die Errichtung eines bundesweiten Breitbandverteilnetzes wegen des Fehlens eines ausgeprägten und drängenden Bedarfs heute noch nicht empfohlen werden kann, und da neue Inhalte – auch solche, die nicht Rundfunk sind – erst der Entwicklung bedürfen, werden zunächst Pilotprojekte (Modellversuche) mit Breitbandkabelsystemen empfohlen.*

Obgleich die vorstehende Empfehlung der Kommission zunächst nicht vorsieht, daß eine bundesweite Verkabelung zu einem Breitbandverteilnetz erfolgt, muß doch bereits heute die grundsätzliche Frage nach der Trägerschaft, der organisatorischen Strukturierung und den rechtlichen Rahmenbedingungen gestellt werden. Denn die empfohlenen

Pilotprojekte könnten im Falle eines positiven Experimentierergebnisses weitere Teilverkabelungen nach sich ziehen und schließlich in ein bundesweites Netz münden. Deshalb muß von vornherein beachtet werden, welche Organisation von Breitbandverteilnetzen empfehlenswert ist.

Die Kommission hat sich eingehend der Frage gewidmet, ob eine Trennung zwischen der Kompetenz zum Errichten und Betreiben von Kommunikationsnetzen und der Kompetenz zur Gestaltung der Informationsinhalte zweckmäßig ist. [...]

Die Kompetenz zur Veranstaltung von Programmen schließt nicht aus, daß neben der Eigenproduktion der Rundfunkanstalten die Produktion von Informationsinhalten auch durch den freien Wettbewerb getragen werden kann. Die Rundfunkanstalten nutzen schon jetzt in erheblichem Maße die Dienste privater Produzenten. Die Darbietung der produzierten Informationsinhalte als Rundfunkveranstaltungen obliegt nach der geltenden Rechtslage den Rundfunkanstalten, die von den in Betracht kommenden gesellschaftlichen Kräften zu kontrollieren sind. [...]

Sofern die Nutzung von Breitbandverteilnetzen mit Rückkanal über die Verteilung von Rundfunkprogrammen hinausgeht und durch die Teilnehmer am Telekommunikationsverkehr geprägt wird, entsteht eine ähnliche Situation wie bei vermittelten Fernmeldediensten, in denen die Teilnehmer – ohne Wissen und Mitwirkung des Netzbetreibers – die Inhalte frei bestimmen können. In einzelnen Fällen – z. B. bei Auskunftsangeboten – kann es allerdings organisatorisch unvermeidbar sein, den Träger des Telekommunikationsnetzes zur Mitwirkung an den Informationsinhalten heranzuziehen. Unter Beachtung dieser Grenzfälle und Einschränkungen kommt die Kommission zu dem folgenden Ergebnis:

Empfehlung:

*Für Breitbandverteilsysteme (insbesondere Kabelfernsehen) wird vorgeschlagen, die Trennung zwischen Netzverantwortung und Verantwortung über die Informationsinhalte (ins-*

*besondere Programme) grundsätzlich beizubehalten. Die Netzneutralität gilt auch gegenüber anderen Telekommunikationsformen in diesem Netz, die nicht Rundfunk sind. Die Zugangsregelung darf nicht dem Netzbetreiber überlassen werden.*

[...]

Es wäre ein Irrtum, anzunehmen, die Kommission könne einen Ausbau des Telekommunikationssystems und insbesondere des Breitbandverteilnetzes empfehlen, ohne damit – ungewollt oder unbewußt – medienpolitische Wirkungen auszulösen. Allein die Erhöhung der Anzahl von Breitbandverteilkanälen wirkt als medienpolitisches Potential anregend und legt politische Entscheidungen der Länder nahe. [...]

Die Kommission empfiehlt:

*In den Pilotprojekten sollten primär alternative Telekommunikationsformen und deren technische Varianten sowie außerdem alternative Organisationsformen der Trägerschaft von Breitbandverteilnetzen getestet werden.*

*Als Netzträger werden die Deutsche Bundespost, Gemeinden (bzw. deren Eigenbetriebe) und Privatunternehmungen vorgeschlagen, die jeweils zumindest in einem der Pilotprojekte das Netz errichten und betreiben. Die Deutsche Bundespost kann bei der Erteilung der Genehmigung Auflagen erteilen.*

*Auch für Pilotprojekte wird die Trennung von Netzkompetenz und Nutzungskompetenz vorgeschlagen. Dabei ist zu prüfen, ob die Trennung bei allen – auch den heute noch unbekannten – Kommunikationsformen praktikabel ist.*

*Zu den Informationsinhalten (insbesondere Programmen) wird vorgeschlagen, in den Pilotprojekten eine möglichst vielfältige Versuchsanordnung zu wählen, um die Akzeptanz und Attraktivität der Nutzung von Breitbandverteilnetzen testen zu können. Hierzu ist – soweit es sich um Rundfunk handelt – eine Entscheidung der rechtlich kompetenten Länder unerläßlich.*

## 5.6. Kabelpilotprojekte, unterschiedlich organisiert (1980/1983)

### 5.6.1. Pilotprojekt Ludwigshafen/Vorderpfalz

Der Landtag Rheinland-Pfalz hat das folgende Gesetz beschlossen:

#### § 1 (Versuch mit Breitbandkabel)

(1) Das Land Rheinland-Pfalz führt einen Versuch mit Breitbandkabel und anderen Kommunikationstechniken durch.
(2) In den Versuch sollen Rundfunk- und andere Kommunikationsdienste einbezogen werden, insbesondere
 1. Breitbanddienste,
 2. Videotext,
 3. Kabeltext,
 4. Bildschirmtext,
 5. Rückkanaldienste,
 6. Satellitenrundfunk.

#### § 2 (Zweck und Dauer des Versuchs)

(1) Der Versuch dient dem Zweck, bei der Anwendung neuer Kommunikationstechniken ein vermehrtes Programmangebot, neue Programmformen, Programmstrukturen und Programminhalte, lokalen Rundfunk und die Beteiligung freier Veranstalter zu erproben. Dabei sollen insbesondere
 1. das Nutzungsverhalten der Teilnehmer,
 2. die Auswirkungen auf den einzelnen und das gesellschaftliche Leben, vor allem auf die Familie und die örtliche Gemeinschaft,
 3. die Auswirkungen auf die bestehenden Rundfunkanstalten des öffentlichen Rechts, die Presse und den Film,
 4. Möglichkeiten künftiger Organisationsformen für den Rundfunk und andere Kommunikationsdienste,
 5. wirtschaftliche und finanzielle Fragen der Kabelkommunikation,

6. die Kosten und die Finanzierung bei Veranstaltern und Teilnehmern

untersucht werden.

(2) In den Versuch sollen mindestens 30 000 Haushalte einbezogen werden, die nach Möglichkeit einen repräsentativen Querschnitt der Bevölkerung darstellen; auf die unterschiedlichen Siedlungsstrukturen ist Rücksicht zu nehmen. Daneben sollen Betriebe und Einrichtungen, bei denen die Nutzung neuer Kommunikationstechniken für Zwecke der Rationalisierung oder wegen ihrer besonderen Aufgabe zu erwarten ist, sowie Schulen, Einrichtungen der außerschulischen Jugendbildung und der Weiterbildung einbezogen werden.

(3) Der Versuch dauert drei Jahre. Er beginnt mit der Aufnahme des Sendebetriebs, den die Landesregierung öffentlich bekanntmacht. Die Versuchsdauer kann von der Landesregierung bis zu zwei Jahren verlängert werden, wenn der Versuchszweck noch nicht hinreichend erfüllt ist. Die Landesregierung unterrichtet den Landtag rechtzeitig über eine beabsichtigte Verlängerung der Versuchsdauer.

§ 3 (Versuchsbedingungen)

Die Landesregierung regelt durch Rechtsverordnung die Versuchsbedingungen nach Maßgabe folgender Grundsätze:
1. Der für den Versuch erforderliche Ausbau im Hinblick auf das Sendegebiet, auf die Technik und auf das Programm kann stufenweise erfolgen; die einzelnen Stufen sind sachlich und zeitlich zu bestimmen.
2. Vereinbarungen mit anderen Ländern und mit dem Bund sind zu berücksichtigen.
3. Kommunikationsdienste sind grundsätzlich allen Teilnehmern anzubieten, es sei denn, daß gesetzliche Bestimmungen, insbesondere des Datenschutzes, entgegenstehen. Das Angebot kann beschränkt werden, wenn es sich um Dienste handelt, die persönlicher Art sind oder bei denen ein berechtigtes Interesse des Veranstalters an der Beschränkung des Teilnehmerkreises besteht.

4. Veranstalter können an dem Versuch nur teilnehmen, wenn sie sich verpflichten, die Bestimmungen des Landesdatenschutzgesetzes und sonstige zur Gewährleistung eines umfassenden Datenschutzes festzulegende Vorschriften zu beachten.

5. Es sollen unterschiedliche Programmstrukturen, insbesondere mindestens ein Programm mit vielfältigen Nutzungsinhalten, lokale und regionale Programme sowie Programme mit gleichartigen Nutzungsinhalten vorgesehen werden. Dabei ist zu untersuchen, inwieweit ein Veranstalter einen Kanal mit Programmen vielfältiger Inhalte nutzen kann; zu dem Zweck sollen eigene Kanäle zugewiesen werden.

6. Es können Kommunikationsdienste jeder Art angeboten werden. Abstimmungen und Wahlen mittels eines Rückkanals sind unzulässig; dies gilt nicht für die Beurteilung unterhaltender Sendungen und bei Spielen.

7. Werbung jeder Art ist von sonstigen Rundfunkprogrammen und anderen Kommunikationsdiensten zu trennen. An Sonntagen und gesetzlichen Feiertagen ist Werbung im Fernsehen unzulässig. Lokale Werbung darf nur anbieten, wer lokale Programme veranstaltet.

[...]

§ 5 (Versuchsgebiet)

(1) In den Versuch sollen Gebietsteile der kreisfreien Städte Ludwigshafen am Rhein und Frankenthal (Pfalz) sowie der Landkreise Ludwigshafen, Südliche Weinstraße und Bad Dürkheim einbezogen werden (Versuchsgebiet). Der Versuch kann auf Gebietsteile angrenzender Gebietskörperschaften ausgedehnt werden.

(2) Die Festlegung des Versuchsgebiets im einzelnen und seine Ausdehnung erfolgen durch die Landesregierung im Benehmen mit den jeweils betroffenen Gebietskörperschaften und sind im Staatsanzeiger für Rheinland-Pfalz bekanntzumachen. Für die Ausdehnung des Versuchsgebiets ist auch das Benehmen mit dem Kulturpolitischen Ausschuß des Landtags Rheinland-Pfalz herzustellen.

## § 6 (Errichtung einer Anstalt)

(1) Zum Zwecke der Koordinierung und Kontrolle des Versuchs errichtet das Land eine rechtsfähige Anstalt des öffentlichen Rechts mit dem Namen »Anstalt für Kabelkommunikation«.
(2) Die Anstalt hat ihren Sitz in Ludwigshafen am Rhein.
(3) Die Anstalt hat das Recht der Selbstverwaltung.
(4) Den Zeitpunkt der Errichtung der Anstalt bestimmt die Landesregierung durch Rechtsverordnung. Nach Errichtung der Anstalt hat sie dafür Sorge zu tragen, daß die Organe der Anstalt unverzüglich gebildet werden.

## § 7 (Organe der Anstalt)

Die Organe der Anstalt sind
1. die Versammlung,
2. der Vorstand.

## § 8 (Versammlung)

(1) Die Versammlung besteht aus 40 Mitgliedern [...].

## § 9 (Aufgaben der Versammlung)

Die Versammlung hat folgende Aufgaben:
1. die Wahl ihres Vorsitzenden und zweier Stellvertreter,
2. die Wahl und Abberufung der Mitglieder des Vorstandes,
3. den Erlaß von Satzungen, der Richtlinien und der Geschäftsordnung der Versammlung,
4. die Überwachung der Ausgewogenheit der Programme in ihrer Gesamtheit,
5. die Überwachung der Einhaltung der Bestimmungen dieses Gesetzes, der Versuchsbedingungen, der Satzungsbestimmungen und der Richtlinien,
6. die Stellungnahme zu Anträgen auf Erteilung einer Erlaubnis oder vor dem Entzug einer Erlaubnis,
7. die Stellung von Anträgen auf Entzug einer Erlaubnis,
8. die Entscheidung über die Erhebung von Klagen im

Zusammenhang mit der Erteilung oder dem Entzug einer Erlaubnis,
9. die Genehmigung des Haushalts- und Wirtschaftsplans, des Jahresabschlusses und die Entlastung des Vorstandes.

## § 10 (Vorstand)

(1) Der Vorstand besteht aus drei Mitgliedern.
[...]
(3) Der Vorstand hat insbesondere folgende Aufgaben:
 1. er gibt sich eine Geschäftsordnung und bestellt den Geschäftsführer,
 2. er verwaltet die der Anstalt zur Verfügung stehenden Mittel und koordiniert die Benutzung von Einrichtungen der Anstalt im Rahmen der Satzung,
 3. er erteilt die Nutzungsgenehmigung für die Veranstalter und entscheidet über die Erteilung von Einzelgenehmigungen für den offenen Kanal sowie die zur Verfügung zu stellenden Sendezeiten,
 4. er berät die Veranstalter und erarbeitet Vorschläge für die Durchführung des Versuchs, insbesondere für die Koordinierung der Programme und die Belegung der Kanäle; auf eine möglichst wirtschaftliche Benutzung der Kanäle und Einrichtungen der Anstalt ist Bedacht zu nehmen,
 5. er behandelt die Beschwerden,
 6. er bereitet die Beschlüsse der Versammlung vor und führt sie aus,
 7. er berichtet der Versammlung regelmäßig über seine Arbeit,
 8. er stellt den Haushalts-/Wirtschaftsplan auf, stellt den Jahresabschluß fest und leitet diese der Versammlung zu,
 9. er unterstützt die Versammlung bei der Wahrnehmung ihrer Aufgaben.

[...]

## § 14 (Erlaubnis und Nutzungsgenehmigung für Veranstalter)

(1) Wer an dem Versuch als Veranstalter teilnehmen will,

bedarf einer Erlaubnis der Landesregierung und einer Nutzungsgenehmigung der Anstalt. Sie werden auf Antrag erteilt.

(2) Die Erlaubnis berechtigt zur Teilnahme am Versuch als Veranstalter für die beantragte Dauer. Die Nutzungsgenehmigung legt die Einzelheiten dieser Teilnahme fest. Erlaubnis und Nutzungsgenehmigung sind nicht übertragbar.

(3) Die Erlaubnis wird erteilt, wenn folgende Voraussetzungen erfüllt sind:

1. der Antragsteller muß sein
   a) eine juristische Person,
   b) eine Personengruppe, die durch Vorlage einer Satzung oder eines sonstigen Statuts nachweist, daß sie einen geschlossenen Mitgliederbestand hat, auf Dauer angelegt ist und einen für den Inhalt der Veranstaltung Verantwortlichen bestimmt hat, oder
   c) eine geschäftsfähige natürliche Person;
2. der Antragsteller muß seinen Sitz oder dauernden Wohnsitz im Geltungsbereich des Grundgesetzes haben;
3. der Antragsteller muß die Gewähr bieten, daß er als Veranstalter die gesetzlichen Vorschriften, die Satzungsbestimmungen und die Richtlinien nach Maßgabe dieses Gesetzes beachtet.

(4) Vor der Entscheidung über die Erlaubnis ist die Versammlung zu hören. Gegen Entscheidungen, die von der Stellungnahme der Versammlung abweichen, ist die Anstalt klagebefugt.

(5) Die Nutzungsgenehmigung wird, vorbehaltlich der Absätze 6 bis 10, für die beantragte Sendezeit und Nutzungsart erteilt, wenn der Antragsteller im Besitze einer gültigen Erlaubnis ist. Die Nutzungsgenehmigung muß enthalten:

1. die Art des Kommunikationsdienstes,
2. die Festlegung der Sendezeiten für den Kommunikationsdienst und die Zuweisung eines Kanals,
3. einen Hinweis auf die Möglichkeiten des § 18 Abs. 2, die Nutzungsgenehmigung mit Auflagen zu versehen oder einzuschränken.

(6) Reichen die freien Sendezeiten voraussichtlich nicht für alle beantragten Nutzungsgenehmigungen aus, so bestimmt der Vorstand eine Ausschlußfrist für die Antragstellung; sie ist im Staatsanzeiger für Rheinland-Pfalz zu veröffentlichen. Die freien Sendezeiten werden entsprechend den fristgerecht eingegangenen Anträgen anteilig zugemessen.
(7) Reichen die freien Sendezeiten lediglich für einzelne Tageszeiten nicht aus, so werden die Sendezeiten, erforderlichenfalls unter Einbeziehung der gleichen Zeiten von gleichen Tagen folgender Wochen, anteilig zugemessen.
(8) Werden vergebene Sendezeiten frei, so sind diese nach der Reihenfolge des Eingangs neuer Anträge für Nutzungsgenehmigungen zuzuteilen.
(9) Bei der Verteilung der Sendezeiten bleiben die Kanäle, die Veranstaltern gemäß § 3 Nr. 5 zugewiesen werden, außer Betracht.
(10) Mit Ausnahme von Text- und aktuellen Informationsdiensten wird eine Nutzungsgenehmigung zu einer zusammenhängenden Veranstaltung von Kommunikationsdiensten unter 15 Minuten Gesamtdauer nicht erteilt. Bei Kommunikationsdiensten mit Werbung darf diese 20 vom Hundert der Sendezeit nicht übersteigen.
(11) Lag eine der Voraussetzungen des Absatzes 3 bei Erteilung der Erlaubnis nicht vor oder fällt eine solche Voraussetzung nachträglich weg, so ist die Erlaubnis zu entziehen. Gleiches gilt, wenn die in der Nutzungsgenehmigung festgesetzten Sendezeiten nach Ablauf einer vom Vorstand gesetzten angemessenen Frist nicht ausgeschöpft werden. Die Versammlung kann den Entzug der Erlaubnis beantragen. Wird die Landesregierung von Amts wegen tätig, so ist die Versammlung vor dem Entzug zu hören. Absatz 4 Satz 2 gilt in diesen Fällen entsprechend.

§ 15 (Beteiligung öffentlich-rechtlicher Rundfunkanstalten)
(1) Dem Südwestfunk und dem Zweiten Deutschen Fernsehen stehen zur Verbreitung der für das Sendegebiet gesetzlich bestimmten Programme eigene Kanäle zur Verfügung.

(2) Der Südwestfunk und das Zweite Deutsche Fernsehen können zusätzlich jeweils einen Kanal zur Verbreitung von Fernsehprogrammen erhalten; ihnen können weitere Sendezeiten zugewiesen werden, wenn unter Berücksichtigung der Beteiligung freier Veranstalter eine ausreichende Zahl von Kanälen zur Verfügung steht und der Versuchszweck nicht in Frage gestellt wird. Lokaler Rundfunk sowie lokale und regionale Werbung sind nicht gestattet. Die Beteiligung des Südwestfunks und des Zweiten Deutschen Fernsehens erfolgt aufgrund einer Nutzungsgenehmigung im Rahmen der Versuchsbedingungen und nach den für diese Anstalten geltenden Rechtsvorschriften.
(3) Weitere Kanäle sind für die im Versuchsgebiet empfangbaren Programme bereitzuhalten.

[...]

§ 17 (Grundsätze für die Programme)

(1) Die Programme dienen einer unabhängigen Meinungsbildung. Sie tragen zur Information, Bildung und Unterhaltung bei. Sie dürfen sich nicht gegen die verfassungsmäßige Ordnung, insbesondere nicht gegen die Grundsätze des demokratischen und sozialen Rechtsstaates und gegen den Gedanken der Völkerverständigung richten. Die Menschenwürde, die sittlichen und religiösen Überzeugungen der Rundfunkteilnehmer sind zu achten.
(2) Die Berichterstattung muß wahrheitsgetreu und sachlich sein; Herkunft und Inhalt der zur Veröffentlichung bestimmten Nachrichten und Berichte sind sorgfältig zu prüfen. Sind für eine Sendung Tatsachenbehauptungen vorgesehen, die sich gegen eine Person oder Institution richten, so sind die Betroffenen nach Möglichkeit zu hören und deren Auffassung nicht außer acht zu lassen. Nachrichten sind von Kommentaren und Stellungnahmen zu trennen. Kommentare sind als persönliche Stellungnahme zu kennzeichnen.

## § 18 (Ausgewogenheit)

(1) Die Programme in ihrer Gesamtheit dürfen nicht einseitig eine Regierung, eine politische Richtung oder persönliche oder wirtschaftliche Sonderinteressen begünstigen. Das Nähere bestimmt die Versammlung durch Richtlinien.

(2) Die Versammlung wacht darüber, daß die Programme in ihrer Gesamtheit ausgewogen sind. Stellt die Versammlung mit der Mehrheit ihrer Mitglieder fest, daß sie gegen Absatz 1 verstoßen, so hat die Versammlung, sofern die Ausgewogenheit nicht auf andere Weise wieder hergestellt werden kann, im erforderlichen Umfang Auflagen zu erteilen oder Nutzungsgenehmigungen einzuschränken; stellt die Versammlung mit der Mehrheit ihrer Mitglieder fest, daß ein Veranstalter einer Auflage innerhalb der gesetzten Frist nicht nachgekommen ist, so schränkt sie die Nutzungsgenehmigung ein oder beantragt den Entzug der Erlaubnis. Die Landesregierung hat über den Antrag unverzüglich zu entscheiden; § 14 Abs. 4 Satz 2 gilt entsprechend.

[...]

## § 20 (Offener Kanal)

(1) Die Anstalt hat mindestens einen offenen Kanal zur Verfügung zu halten. Jeder kann den offenen Kanal zur Verbreitung eigener Programmbeiträge, insbesondere auch für programmliche Anregungen und Wünsche sowie zur Kritik an Programmen der Veranstalter, mit einer Einzelgenehmigung der Anstalt nutzen. Die Programmbeiträge müssen kostenlos erbracht werden. Der offene Kanal darf für Werbung nicht genutzt werden.

(2) Die Einzelgenehmigung wird für einen einzelnen, sachlich und zeitlich bestimmten Programmbeitrag erteilt. Sie darf nur versagt oder zurückgenommen werden, wenn Grund zu der Annahme besteht, daß die Voraussetzungen des § 14 Abs. 3 Nr. 2 und 3 nicht vorliegen. Inhaber einer Erlaubnis nach § 14 erhalten keine Einzelgenehmigung. Das Nähere über den Zugang zum offenen Kanal und die Aufteilung der Sendezeiten hierfür regelt die Satzung. [...]

### 5.6.2. Pilotprojekt Dortmund

#### § 1 (Modellversuch)

(1) In Dortmund wird ein Modellversuch mit Breitbandkabel durchgeführt.

(2) Der Modellversuch soll die Entscheidung über eine künftige Nutzung der Breitbandtechnik vorbereiten. Er dient dem Zweck, wissenschaftliche Erkenntnisse über die Nutzungsmöglichkeiten und die Wirkungen bei der Nutzung dieser Technik
  1. auf den einzelnen, die Familie und das gesellschaftliche Leben,
  2. auf die bestehende Medienstruktur, insbesondere auf Presse und Film,
  3. auf die bestehende Wirtschaftsstruktur, den Arbeitsmarkt und die Entwicklung der Informationsbeziehungen,
  4. hinsichtlich neuer Organisations- und Finanzierungsformen
zu gewinnen.

(3) Im Modellversuch werden neben der Verbreitung vorhandener Rundfunkprogramme neue Rundfunkprogramme (Rundfunkversuchsprogramme) erprobt. In den Modellversuch soll auch die Erprobung anderer Dienste (§ 5) und des Rückkanals einbezogen werden.

(4) Die Landesregierung wird ermächtigt, das Versuchsgebiet im Stadtgebiet Dortmund entsprechend dem Versuchszweck und den Erfordernissen der wissenschaftlichen Begleitung (§ 2) durch Rechtsverordnung im Einvernehmen mit dem Hauptausschuß des Landtags festzulegen. Es soll mindestens 30 000 Haushalte umfassen.

(5) Für den Modellversuch gelten folgende Grundsätze:
  1. Die Rundfunkdienste (§§ 4, 10 und 11) werden in öffentlich-rechtlicher Trägerschaft veranstaltet und verbreitet. Privaten Dritten dürfen keine Sendezeiten zur eigenverantwortlichen Gestaltung überlassen werden; § 10 bleibt hiervon unberührt.

2. Rundfunkversuchsprogramme dürfen keine Werbung enthalten.

3. Teilnehmer am Modellversuch kann jeder werden, der sich im Versuchsgebiet an das Breitbandkabel anschließen läßt. Zuschüsse zu den Kosten für Empfangs- und Zusatzgeräte, Hausverteilanlagen und technische Zusatzeinrichtungen werden aus Haushaltsmitteln des Landes nach Maßgabe des Haushaltsgesetzes für 10 000 Haushalte geleistet. Davon sollen höchstens 3000 Haushalten Zuschüsse für den Empfang von Videotext und Kabeltext geleistet werden.

4. Die Teilnahme am Modellversuch ist freiwillig. Sie gibt keinen Anspruch darauf, daß ortsüblich nicht empfangbare Rundfunkprogramme, Rundfunkversuchsprogramme oder andere Dienste ständig während der Dauer des Modellversuchs zugänglich sind.

5. Der Modellversuch ist befristet. Er dauert drei Jahre. Die Landesregierung wird ermächtigt, durch Rechtsverordnung im Einvernehmen mit dem Hauptausschuß des Landtags das Datum des Beginns des Modellversuchs im Jahre 1985 festzulegen.

6. Außerhalb des Versuchsgebietes dürfen Rundfunkdienste über Breitbandkabel nur im Rahmen der jeweils geltenden Rechtsvorschriften an die Allgemeinheit verbreitet werden.

[...]

§ 3 (Versuchsbedingungen)

(1) Rundfunkdienste sowie andere Dienste können stufenweise entsprechend dem Stand der technischen und inhaltlichen Vorbereitungen in den Modellversuch einbezogen werden.

(2) Die Landesregierung wird ermächtigt, Einzelheiten der Versuchsbedingungen nach Maßgabe von Absatz 1 durch Rechtsverordnung im Einvernehmen mit dem Hauptausschuß des Landtags zu regeln. Dies gilt auch für Änderungen während der Dauer des Modellversuchs.

(3) Die Rückkanaltechnik darf für Abstimmungen und Wahlen nicht genutzt werden. Meinungsumfragen mittels Rückkanal über Angelegenheiten, die in den gesetzgebenden Organen des Bundes, der Länder, in den entsprechenden Organen der Gemeinden oder der sonstigen kommunalen Gebietskörperschaften behandelt werden, sind unzulässig [...].
(4) Die Aufteilung der verfügbaren Kanäle zur Nutzung für Rundfunkdienste sowie für andere Dienste regelt die Landesregierung durch Rechtsverordnung im Einvernehmen mit dem Hauptausschuß des Landtags. Sie hat dabei insbesondere den Versuchszweck, die Erfordernisse der wissenschaftlichen Begleitforschung und den Kanalbedarf für andere Dienste zu berücksichtigen. Dies gilt auch für Änderungen während der Dauer des Modellversuchs.

§ 4 (Rundfunkdienste)

(1) Der Westdeutsche Rundfunk Köln ist für die kabelgebundene Verbreitung der in Dortmund ortsüblich empfangbaren Rundfunkprogramme mit Ausnahme des Zweiten Fernsehprogramms sowie für die kabelgebundene Verbreitung weiterer Rundfunkprogramme im Versuchsgebiet, die in der Bundesrepublik Deutschland drahtlos empfangbar sind, zuständig.
(2) Der Westdeutsche Rundfunk Köln veranstaltet und verbreitet im Versuchsgebiet Rundfunkversuchsprogramme, darunter
je ein lokales Hörfunk- und Fernseh-Programm sowie je einen offenen Kanal in Hörfunk und Fernsehen (§ 10). Er bietet im Versuchsgebiet besondere Fernsehprogrammbeiträge gegen zusätzliche Pauschal- oder Einzelgebühr (Spartenprogramme) an (§ 11). Er kann Kabeltextverteildienste veranstalten und verbreiten.
(3) Der Westdeutsche Rundfunk Köln soll das lokale Hörfunkprogramm im Raum Dortmund auch drahtlos mit Sendern kleiner Leistung verbreiten. Er kann das lokale Fernsehprogramm im Raum Dortmund auch drahtlos mit Sendern kleiner Leistung verbreiten. In das lokale Hörfunkprogramm

und das lokale Fernsehprogramm kann er Eigenbeiträge nicht erwerbswirtschaftlich orientierter Dritter einbeziehen.
(4) Das Zweite Deutsche Fernsehen kann sich nach Maßgabe der für die Anstalt geltenden Rechtsvorschriften mit Programmbeiträgen am Modellversuch beteiligen. Die Anstalt kann neben der kabelgebundenen Verbreitung des Zweiten Fernsehprogramms im Versuchsgebiet Fernsehversuchsprogramme, insbesondere ein zeitversetztes Zweites Fernsehprogramm, unter Einschluß von Videotext sowie Kabeltextverteildienste veranstalten und verbreiten. Sie kann ferner Spartenprogramme (Absatz 2 Satz 2), insbesondere Bildungsprogrammbeiträge, anbieten. § 1 Abs. 5 Nr. 1 Satz 2 gilt entsprechend.

### § 5 (Nutzung neuer Informations- und Kommunikationsdienste)

(1) In den Modellversuch werden die neuen Informations- und Kommunikationsdienste, die insbesondere für die geschäftliche Kommunikation von Bedeutung sind, einbezogen und erprobt, soweit die vom Bund in seiner Zuständigkeit liegenden Voraussetzungen hierfür geschaffen sind. Mit der Maßgabe, daß die vom Bund zu schaffenden Voraussetzungen vorliegen, soll insbesondere die Nutzung einer digitalen Fernsprechortsvermittlungsstelle erprobt werden.
(2) Die Erprobung dieser neuen Kommunikationsdienste soll insbesondere in einem solchen Teilbereich des Versuchsgebietes, in dem die Voraussetzungen für die Nutzung im Rahmen der geschäftlichen Kommunikation gegeben sind, erprobt werden.
(3) Die Anwendung dieser Dienste soll wissenschaftlich begleitet und ausgewertet werden. Dabei sollen die Wirkungen ihrer Nutzung auf die bestehende Wirtschaftsstruktur und den Arbeitsmarkt untersucht werden.

### § 6 (Projektstelle des Westdeutschen Rundfunks Köln)

(1) Der Westdeutsche Rundfunk Köln errichtet zur Wahrnehmung seiner Aufgaben im Rahmen des Modellversuchs eine Projektstelle in Dortmund.

(2) Die Projektstelle hat die Aufgabe, alle Maßnahmen zu planen, vorzubereiten und durchzuführen, die insbesondere im Bereich des Programms, der Technik und der Finanzierung erforderlich sind, um die der Anstalt im Rahmen des Modellversuchs obliegenden Aufgaben zu erfüllen. Rechte und Pflichten der Projektstelle richten sich nach den für die Anstalt geltenden Rechtsvorschriften, soweit dieses Gesetz nichts anderes bestimmt.

(3) Die Projektstelle erfüllt ihre Aufgaben organisatorisch, personell und finanziell getrennt vom übrigen Betrieb der Anstalt; der Rundfunkrat beschließt über die Rahmenbedingungen für die Durchführung des Modellversuchs durch die Projektstelle. Er erläßt insbesondere Richtlinien über die Programmrahmenplanung, die Finanzplanung, den Haushalts- und Stellenplan und über die Haushaltsführung. Er stellt die zur Erfüllung der Aufgaben der Projektstelle erforderlichen Haushaltsmittel zu deren Verwendung bereit; sie sind im Haushaltsplan der Anstalt getrennt auszuweisen. Die Aufgaben des Intendanten und des Verwaltungsrates bleiben unberührt.

(4) Die Projektstelle entscheidet gemäß Absatz 2 und 3 selbständig über die Verwendung der zur Durchführung des Modellversuchs bereitgestellten Mittel.

(5) Die Projektstelle besteht aus der Projektleitung und dem Projektrat.

§ 7 (Projektleitung)

(1) Das Projekt wird vom Projektleiter unbeschadet der Rechte der Anstaltsorgane und des Projektrates selbständig und unter eigener Verantwortung geleitet.

(2) Der Projektleiter wird vom Intendanten mit Zustimmung des Verwaltungsrates für die Dauer des Modellversuchs ernannt.

[...]

(4) Beschwerden von Teilnehmern am Modellversuch sind an den Projektleiter zu richten. Hilft er der Beschwerde nicht ab, leitet er sie mit einer Stellungnahme dem Projektrat zur

abschließenden Entscheidung zu. Eine Zensur des Programms findet nicht statt.

### § 8 (Zusammensetzung des Projektrates)

(1) Der Projektrat besteht aus 27 Mitgliedern.
[...]

### § 9 (Aufgaben des Projektrates)

(1) Der Projektrat berät die Projektleitung und die Organe der Anstalt in allen Fragen, die mit dem Modellversuch zusammenhängen.
[...]

### § 10 (Offener Kanal)

(1) Der Westdeutsche Rundfunk Köln hält im Rahmen seiner Fernseh- und Hörfunkversuchsprogramme je einen offenen Kanal zur Verfügung. Jeder, der in Dortmund seine Hauptwohnung, seinen ständigen Aufenthalt oder Sitz hat, kann über den offenen Kanal nach näherer Bestimmung der Satzung des Westdeutschen Rundfunks Köln eigene Programmbeiträge verbreiten. Die Programmbeiträge müssen unentgeltlich erbracht werden. Sie müssen Namen und Anschrift der Person oder Personengruppe enthalten, die den Programmbeitrag erbringt.
(2) Programmbeiträge der Stadt Dortmund sowie staatlicher Stellen sind nicht zulässig; ihnen ist jedoch in angemessenem Umfang und zu einem angemessenen Zeitpunkt Gelegenheit zu geben, in Programmbeiträgen Stellung zu nehmen, welche ihre Belange berühren. Satz 1 findet keine Anwendung auf Programmbeiträge der Volkshochschule und der Bühnen sowie vergleichbarer Einrichtungen der Stadt Dortmund.
(3) Einzelheiten über den Zugang zum offenen Kanal und über eine Nutzung werden durch Satzung des Westdeutschen Rundfunks Köln nach folgenden Grundsätzen geregelt:

1. Im offenen Kanal muß jeder gemäß Absatz 1 Satz 2 zu Wort kommen können.
2. Die Projektleitung kann jeden Interessenten, der Programmbeiträge für den offenen Kanal produzieren und

verbreiten will, beraten und ihm Produktionshilfen zur Verfügung stellen.
3. Für den einzelnen Programmbeitrag und für die monatliche Gesamtsendezeit von Programmbeiträgen eines Interessenten wird allgemein eine Höchstdauer festgelegt. Sie ist so zu bemessen, daß im Rahmen der festgesetzten Sendezeiten Programmbeiträge aller Interessenten innerhalb eines angemessenen Zeitraums ausgestrahlt werden können.
4. Programmbeiträge werden in der Reihenfolge ihres Eingangs ausgestrahlt; für besondere Fälle können Ausnahmen vorgesehen werden.
[...]


## 5.7. *Programm-Schema von ARD und ZDF (1984)*

Nach § 22 Abs. 4 des Staatsvertrages über die Errichtung der Anstalt des öffentlichen Rechts Zweites Deutsches Fernsehen und nach Ziffer 1,3 des Schlußprotokolls zu diesem Vertrag sowie nach der Empfehlung der Ministerpräsidentenkonferenz in ihrer Sitzung vom 3./4. Mai 1962 haben die Landesrundfunkanstalten und das Zweite Deutsche Fernsehen darauf hinzuwirken, daß die Fernsehteilnehmer der Bundesrepublik zwischen zwei inhaltlich verschiedenen Programmen wählen können.
In Ausführung dieser Verpflichtungen und des Beschlusses der Ministerpräsidenten vom 3./4. Mai 1962 schließen die in der ARD zusammengeschlossenen Landesrundfunkanstalten und das Zweite Deutsche Fernsehen folgende Vereinbarung:
1. Das als Anlage beigefügte Programm-Schema gilt für die Zeit ab 1. Januar 1984 und ist für die Vertragspartner verbindliche Richtschnur für die Programmgestaltung. Eine Abweichung von ihm ist nur aus wichtigem Grund zulässig. Der Koordinierungsausschuß stimmt halbjährlich mögliche Änderungen des Programm-Schemas ab.
[...]

DEUTSCHES FERNSEHEN
Programmdirektion
Programmbüro

ARD/ZDF  **PROGRA**

| | Montag | | Dienstag | | Mittwoch | | D |
|---|---|---|---|---|---|---|---|
| | ARD | ZDF | ARD | ZDF | ARD | ZDF | A |
| 18:00 | Tagesschau | | Tagesschau | | Tagesschau | | Tagesschau |
| 15 | | | | | | | |
| 30 | | | | | | | |
| 45 | | | | | | | |
| 19:00 | Regional-Programme | ZDF - Ihr Progr. | Regional-Programme | ZDF - Ihr Progr. | Regional-Programme | ZDF - Ihr Progr. | Regional-Programme |
| 15 | | heute | | heute | | heute | |
| 30 | | WB IV | | WB IV | | WB IV | |
| 45 | | Politische Reportagen | | | | Direkt Spielregel Jugendunterhaltung | |
| 20:00 | Tagesschau | Feature | Tagesschau | Fernsehspiel Dokumentarspiel (Spielfilm) | Tagesschau | | Tagesschau +Reisew./ |
| 15 | | | | | | | |
| 30 | | | Unterhaltung Tiere Quiz | | Fernsehspiel 21x90' 21x105' | Kennzeichen D ZDF Magazin | Zeitgeschichte 13x |
| 45 | Serie | | | | | | Feature 13x |
| 21:00 | | Spielfilm | | | Sport 10x | | |
| 15 | | | | | | | |
| 30 | Auslands-Reportage | | Politische Magazine | Wirtschafts-Info | (Spielfilm) | Krimi u.a. | L-Serie 13x ggf. Sport |
| 45 | Kontraste 6x30' / 6x45' | | | | | | Unterhaltung 13x |
| 22:00 | | heute-journal | | heute-journal | | heute-journal | T.I.T. 13x |
| 15 | Unterhaltung Comedy-Shows Satire | Kultur | Krimi | Spielfilm Fernsehspiel Dok.-Spiel Schauspiel Theater-Werkstatt | Im Brennpunkt 30' - 45' | Lotto Dokumentation U-Feuilleton Kirche | |
| 30 | | | | | | | |
| 45 | Tagesthemen | Fernsehspiel (W) | Tagesthemen | | Tagesthemen | | Tagesthem |
| 23:00 | Nacht-Studio Spielfilm 39x Fernsehspiel bzw. Serie (W) 13x | Dok.-Spiel (W.) U.-Spiel (W.) Spielfilm | Kultur (nicht Diskussion) Kleines FS-Spiel 6x | Spielraum 6x / Kulturgesprächsrunden 6x | Unterh. (W.) | Krimi (W.) | Fernsehsp (W.) |
| 15 | | | | | | Das kleine Fernsehspiel | |
| 30 | | | | | | Sport | |
| 45 | anschl. Tagesschau | anschl. heute | anschl. Tagesschau | heute | anschl. Tagesschau | anschl. heute | anschl. Tagesscha |
| 24:00 | | | | | | | |

# M-SCHEMA

gültig ab 1.1.1984  
Stand: 26.9.1983

| erstag | Freitag | | Samstag | | Sonntag | |
|---|---|---|---|---|---|---|
| ZDF | ARD | ZDF | ARD | ZDF | ARD | ZDF |
| | Tagesschau | | Regional-Programme | | ARD-Ratgeber | |
| | | | Tagesschau (5') | | | |
| | | | | | Wir über uns | |
| | | | Sportschau | | Tagesschau (3') | |
| | | | | | Sportschau | |
| ZDF - Ihr Progr. | Regional-Programme | ZDF - Ihr Progr. | | ZDF - Ihr Progr. | | ZDF - Ihr Progr. |
| heute | | heute | Regional-Programme | heute | | heute |
| WB IV | | WB IV | | WB IV | Weltspiegel | bonner perspektiven |
| | | auslandsjournal | | Hitparade | | Kultur 26x / U-Special 8x / Erk.Sie d.Wel.? 12x / Feature 6x |
| | | | | Pyramide | | |
| | | | | U.-Special | | |
| | Tagesschau | | Tagesschau | Tiere | Tagesschau | |
| Unterhaltung | | | Unterhaltung 32x | Spielfilm 32x | Spielfilm 13x / Tatort 13x / Literarische Serie 26x | U-Special 6x |
| | Spielfilm 26x00' 26x105' | Krimi | Volksstück Boulevard 20x | Unterhaltung 20x | Spielfilm 13x / Fernsehspiel/Oper 13x / Spielfilm 10x / Komödien 10x | /Sp. /h Sp. |
| Ratgeber: Gesundheit Erziehung Technik u.a. | | Sportspiegel 20x | | | | |
| | | Tiere | | | | |
| | | Kl.Unterh. | | | | |
| heute-journal | Plus-minus | heute-journal | Lotto Tagesschau Wort zum Sonntag | heute | Keine / 100 M. / 100 M. T | /Sp. |
| 12x Analysen Gr.Dok. 26x | Kirche | | | Sport-Studio | Reportage 13x | |
| | Aspekte | | | | | |
| bonner runde / Bücher fragen | Tagesthemen mit Bericht aus Bonn | | Spielfilm Kabarett 3x | | Kultur 13x / Zeitgeschichte 13x / Feature 13x / Fernsehspiel/Oper/U-Show 7x | /Sp. |
| 5 nach 10 (14x) Late Show Filmkunde | | Sport am Freitag | | | Kultur 13x / Musik/Ballett 13x / Histor.-Dokumentation 13x / Konzert/Ballett 13x | Spielfilm 3x / Schauspiel 3x |
| | | Sport-schau | | | | heute / heute |
| anschl. heute | Große Diskus-sion anschl. Tagesschau | Talk-show + Serie (W.) anschl. heute | Krimi (W.) Spielfilm (W.) | Unterh. (auch W.) anschl. Tagesschau | anschl.T Musik/Ballett 13x / anschl.M Musik/Ballett 13x / Konzert/Ballett 13x | heute |
| | | Spielfilm | | | heute | |

# IV. Arbeitsvorschläge

Die Zusammenstellung der Texte folgt in etwa dem chronologischen Verlauf der deutschen Rundfunkgeschichte. Die einzelnen Dokumente ermöglichen eine Gegenüberstellung der drei Organisationsformen des Rundfunks in der Weimarer Republik, im Dritten Reich und in der Bundesrepublik. Auch die im Vergleich dazu relativ kurze Phase des Rundfunks unter der Kontrolle der Besatzungsmächte ist hierbei berücksichtigt.

## 1. In der Weimarer Republik

### 1.1. *Helmut Drubba: Zur Etymologie des Wortes Rundfunk (1978)*

Hinzuweisen ist hier auf die Bemühungen, zahlreiche aus dem Fernmeldebereich stammende fremdsprachliche Fachausdrücke einzudeutschen. Da sich dieser Artikel auch mit der Entstehungsphase des Rundfunks befaßt, ist es aufschlußreich, sich die politischen Ereignisse zu vergegenwärtigen. Sie zeigen nämlich, unter welch ungünstigen Verhältnissen der Rundfunk in Deutschland seinen Anfang nahm.

| | |
|---|---|
| 19. 1. 1919: | Wahlen zur Nationalversammlung |
| 26. 6. 1919: | Unterzeichnung des Friedensvertrages in Versailles |
| 13. 3. 1920: | Kapp-Putsch und Generalstreik |
| 26. 8. 1921: | Ermordung des Zentrumspolitikers Matthias Erzberger durch Rechtsradikale |
| 24. 6. 1922: | Tödliches Attentat auf Reichsaußenminister Walter Rathenau. Verordnung des Reichspräsidenten zum Schutz der Republik |
| 11. 1. 1923: | Besetzung des Ruhrgebiets durch die Franzosen. Verkündigung des »passiven Widerstands« (13. 1.) |
| 27. 9. 1923: | Ausnahmezustand im Reichsgebiet |

10. 1923: Ausrufung der »Rheinischen Republik«
2. 10. 1923: Höhepunkt der Inflation
Okt. 1923: Konflikt zwischen Bayern und Reich. Unruhen in Sachsen. Straßenkämpfe zwischen Polizei und Kommunisten in Hamburg
29. 10. 1923: Eröffnung des Rundfunks in Deutschland

## 1.2. Bericht des Reichspostministers über die Einführung des Rundfunks (1923)

Dieses Dokument zeigt, in welcher Form und mit welcher Selbstverständlichkeit die Reichspost den Rundfunk ihrem sonstigen Dienstleistungsangebot einreihte, und dem Reich durch die Erhebung von Gebühren (ab 24. 10. 1923: 25 RM jährlich; ab 1. 1. 1924: 60 [!] RM jährlich; ab 1. 4. 1924: 24 RM jährlich) eine neue Einnahmequelle erschloß.
Herauszuarbeiten sind hier die dem Rundfunk von der Post zugedachten Aufgaben. Hinzuweisen ist auf das völlige Fehlen des Gedankens, daß der Rundfunk ähnliche publizistische Funktionen wie die Presse erfüllen könne.
Aus der Situation der Zeit (vgl. Chronik zu Text 1.1) verständlich ist die Furcht vor der »Gefahr des Mißbrauchs [des Rundfunks] bei Putschen und Unruhen«, was die Post gegen die Radio-Bastler Front machen ließ, die durch ihr Tun gegen die Obrigkeit aufbegehren.

## 1.3. Richtlinien über die Regelung des Rundfunks (1926)

Nach langen Auseinandersetzungen zwischen Reichspost, Reichsinnenministerium und den Länderregierungen, also keineswegs auf der parlamentarisch-legislativen Ebene, kommt eine Regelung zustande, nach deren Verabschiedung endlich die regionalen Rundfunkgesellschaften, die 1923/24 in Berlin, Breslau, Frankfurt am Main, Hamburg, Königsberg, Leipzig, München, Münster/Köln und Stuttgart gegründet worden sind, ihre Sendekonzessionen rückwirkend vom 1. 3. 1926 an erhalten. Das Programm jeder Sendegesell-

schaft wird durch entsprechende Ausschüsse überwacht
durch eine zentrale Nachrichtenredaktion und das Rec..
beeinflußt, »Auflagenachrichten« jederzeit verbreiten z\
können.

Anhand der drei Anlagen
- Richtlinien für den Nachrichten- und Vortragsdienst der Sendegesellschaften
- Bestimmungen für den Überwachungsausschuß der Sendegesellschaften
- Bestimmungen über den kulturellen Beirat der Sendegesellschaften

wären deren Funktion bzw. Aufgaben mit dem zu vergleichen, was heutzutage über die Sendegrundsätze sowie die Aufsichtsgremien in den Rundfunkgesetzen für die öffentlich-rechtlichen Rundfunkanstalten (vgl. Text 3.6) steht.

## 1.4. Hans Flesch: Die kulturellen Aufgaben des Rundfunks (1926)

Hans Flesch, ursprünglich Arzt und Schauspieler, wirkte von 1924 bis 1929 als künstlerischer Leiter des Südwestdeutschen Rundfunks in Frankfurt und anschließend bis 1932 als Intendant der Berliner Funkstunde. Der Text zeigt, daß die für das Programm Zuständigen im Rundfunk vor allem ein Medium zur Verbreitung von geistigen und künstlerischen Produktionen erblickten. Allerdings war gerade Flesch davon überzeugt, daß durch die Vermittlung auf technischem Wege das gesendete künstlerische Werk – unerheblich ob Musik oder Wort – sich verändert und der Rundfunk sich dieser Veränderung bewußt sein muß.

## 1.5. Carl Severing: Rundfunk-Reformvorschläge (1929)

Carl Severing (SPD), preußischer Innenminister und von 1928 bis 1930 Reichsinnenminister, ließ in seinen Vorschlägen keinen Zweifel daran, daß er den staatlichen Kontrollanspruch über den Rundfunk voll aufrechtzuerhalten wünschte. Allerdings regte er einige Modifikationen vor allem im Überwachungssystem und in der Frage der Programmzensur an (vgl. Text 1.3). Zum vorletzten Punkt seiner Denkschrift (»Reichsrundfunkgesetz«) schrieb Severing 1950 in seinen Memoiren: »Je länger ich mich jedoch mit Rundfunkfragen beschäftigen mußte, um so mehr wurde ich in der Auffassung bestärkt, daß eine reichsgesetzlich fundierte Organisation einmal bessere Methoden der Verwaltung herbeiführen und weiter eine Mitwirkung des Parlaments durch eine geeignete Kontrolle ermöglichen könnte.« Wäre ein solches Gesetz tatsächlich ernsthaft in Erwägung gezogen worden, hätte es möglicherweise einen ähnlichen Konflikt zwischen Zentralregierung und regionalen Exekutiven heraufbeschworen, wie das später Anfang der 60er Jahre in der Bundesrepublik der Fall war (vgl. Text 4.5).

Gesichtspunkte:
- Vergleiche die entsprechenden Bestimmungen in Weimarer Reichsverfassung und Bonner Grundgesetz:
  - Individuelle und institutionelle Meinungsfreiheit
  - Aufteilung kultureller Kompetenzen zwischen dem Reich/Bund und den Ländern.

## 1.6. *Richtlinien für den Rundfunk (1932)*

Diese Richtlinien standen am Ende eines sich mehrere Jahre hinziehenden Prozesses, der die völlige Verstaatlichung des Rundfunks brachte. Die Entwicklung begann auf dem Höhepunkt der Weltwirtschaftskrise, als die Reichsregierung intensiv von ihrem Auflagerecht Gebrauch machte und den Rundfunk zu ihrem Sprachrohr ausbaute. In den Sommermonaten 1931, dem Jahr, in dem es im Durchschnitt über 4,5 Millionen Arbeitslose gab, sprachen in dichter Folge am:
- 6. Juni     Reichsfinanzminister Dietrich über eine neue Notverordnung
- 23. Juni    Reichskanzler Brüning über den Hoover-Plan
- 15. Juli     Reichsfinanzminister Dietrich über die Bankfeiertage

- 17. Juli     Reichsminister und Osthilfekommissar Treviranus über eine Sitzung des Reichskabinetts
- 18. Juli     Ministerialdirektor Klausener über die Pressenotverordnung
- 23. Juli     Staatsminister Schreiber über Wirtschaftsfragen
- 4. Aug.     Reichskanzler Brüning über die Lage Deutschlands
- 6. Aug.     Staatsminister Hoepker-Aschoff über die Finanz- und Wirtschaftskrise
- 10. Aug.     Ernährungs- und Landwirtschaftsminister Schiele über die Agrarpolitik
- 15. Sept.     Reichsinnenminister Wirth über die Wirtschaftshilfe.

Am 30. September 1931 verfügte die Reichsregierung, daß die vom Reichspräsidenten nach Artikel 48 der Reichsverfassung erlassene Notverordnung mit ihrer Verlesung im Rundfunk in Kraft trat. Diesen Eingriff in das Rundfunkprogramm wertete seinerzeit ein aufmerksamer Publizist als einen »weiteren Schritt auf dem Wege zum konsequenten Ausbau des ›Staatsfunks‹« (Lothar Band). Allerdings war dies nur ein Vorgeschmack auf das, was die Reichsregierung unter Kanzler Franz von Papen am 15. Juni 1932 mit der Einrichtung einer (fast) täglichen »Stunde der Reichsregierung« verfügte.

Nachdem dieses rechtsgerichtete Kabinett auf politischer Ebene die Weichen gestellt hatte, um der Verstaatlichung des Rundfunks unter Ausschaltung der privaten Anteilseigner eine juristische Form zu geben, erließ es neue Richtlinien mit detaillierten Anweisungen für das Programm.

Herauszuarbeiten wäre an Hand dieses Textes, welche Ideologie hier, wenige Monate vor der Machtübergabe an die Nationalsozialisten, vermittelt wird.

Gesichtspunkte:
- Christlich-konservatives Vokabular
- Deutschnationale Ziele.

## 1.7. Bertolt Brecht: Rede über die Funktion des Rundfunks (1932)

In seinem Vortrag, der als Brechts »Radiotheorie« in die Geschichte eingegangen ist, führt der Schriftsteller Gedanken fort, die er erstmals 1927 für eine Berliner Zeitung in den *Vorschläge[n] für den Intendanten des Rundfunks* formuliert hatte. Durch eine Reihe von Arbeiten für den Rundfunk hatte Brecht Erfahrungen gesammelt, die er in die für ihn entscheidende Forderung umsetzte, den Rundfunk aus einem Distributionsapparat in einen Kommunikationsapparat zu verwandeln, d. h., den Hörer zum Produzenten des Gehörten zu machen, ihn in die Lage zu versetzen, nicht allein zu empfangen, sondern auch selber auszusenden. Nichts anderes als eine Demokratisierung des Rundfunks sollte mit einer solchen Umorganisation erreicht werden.
- Welche Hindernisse standen der Realisierung derartiger Vorschläge in der Weimarer Republik, aber auch in den späteren Phasen der deutschen Rundfunkgeschichte entgegen? Die tatsächlichen Organisationsprinzipien des Rundfunks (vgl. Texte 1.3, 2.1, 2.3, 3.7, 5.1) könnten den idealistischen Forderungen gegenübergestellt werden.
- Sind Brechts Vorschläge heute mit »offenen Kanälen« in den Fernsehkabelprojekten (vgl. Texte 5.6.1, 5.6.2) verwirklicht?

## 1.8. Winfried B. Lerg: Thesen zum Rundfunk in der Weimarer Republik (1965)

Dieser Text umreißt in großen Zügen die ersten Jahre der Entwicklung des Rundfunks, der kein publizistisches, sondern eher ein staatliches Kommunikationsmedium, eine »Kommunikationsbehörde« war.

## 2. Im Dritten Reich

### 2.1. Joseph Goebbels: *Rede vor den Rundfunkintendanten über die Aufgaben des Rundfunks im nationalsozialistischen Staat (1933)*

Joseph Goebbels, Reichspropagandaleiter der NSDAP und seit dem 13. März 1933 Reichsminister für Volksaufklärung und Propaganda, hatte sich vom Reichsinnenminister die politische Aufsicht und vom Reichspostminister die wirtschaftliche Kontrolle über den Rundfunk übertragen lassen. Unverhohlen verfolgte er mit dem schnellsten Nachrichtenmittel bestimmte Ziele, wofür er jedoch geeignete Mitarbeiter in den Funkhäusern benötigte, die mit ihm an einem Strang zogen.
- Wie sah Propagandaminister Goebbels die Rolle des Rundfunks im nationalsozialistischen Staat? (Vgl. Text 2.3.)
- Warum legten die Nationalsozialisten einen solch großen Wert auf die Gleichschaltung der Medien?
- Welche Unterschiede gab es zwischen dem Medium Rundfunk und dem Medium Presse bei der Lenkung der öffentlichen Meinung?
- Warum interessierte sich der Propagandaminister für den Rundfunk mehr noch als für die Zeitungen?

### 2.2. Gerhard Eckert: *Volksempfänger (1941)*

Gegen den Widerstand der Empfänger bauenden Industrie hatten die nationalsozialistischen Propagandafunktionäre durchgesetzt, daß ein billiges Rundfunkgerät in hohen Stückzahlen produziert wurde. Damit sollten die Teilnehmerzahlen, die seit 1930 kaum noch nennenswerte Zuwachsraten aufwiesen, wieder schneller ansteigen, um, wie die Propaganda es forderte, das ganze Volk zu Rundfunkhörern zu machen. Von »Rundfunk in jedem Haus«, wie die Parole hieß, konnte allerdings selbst auf dem Höhepunkt der Teilnehmerentwicklung mit über 16 Millionen angemeldeten

Geräten im März 1943 (1933: rund 4 Millionen) noch keine Rede sein, denn dadurch wurden erst 50 Millionen der etwas mehr als 80 Millionen Einwohner vom Rundfunk erreicht – ein Sättigungsgrad von 62 Prozent (1978: 95 Prozent).

### 2.3. Gerhard Eckert: Der Rundfunk als Führungsmittel (1941)

Dieser Text veranschaulicht an Hand von einigen Beispielen aus dem Programmalltag, mit welchen Methoden der Rundfunk in den Jahren des Dritten Reiches zum Führungsmittel des Staates ausgebaut wurde, um den Forderungen des Propagandaministers gerecht zu werden (vgl. Text 2.1).

### 2.4. Abhörverbot für Auslandssender (1939)
### 2.5. Gerichtsurteile wegen der Übertretung des Abhörverbots von »Feindsendern« (1942)

Was der nationalsozialistischen Propaganda bis 1939 mißlang, nämlich die Hörer freiwillig auf den Wellen des reichsdeutschen Rundfunks zu halten, versuchte man seit Kriegsbeginn am 1. September 1939 mit Zwang durchzusetzen. Bereits in den ersten Kriegswochen begann die Strafverfolgung, als die Gerichte bis zu neunmonatige Gefängnisstrafen für das Abhören von Auslandssendern verhängten. Für Goebbels waren solche Urteile viel zu mild, er forderte deswegen schon im Januar 1940 einige exemplarische Bestrafungen, um den Abschreckungswert zu erhöhen, und verbot der Presse, künftig Gerichtsentscheide mit einem Strafmaß von weniger als vier Jahren Zuchthaus überhaupt noch zu veröffentlichen. Mitte 1941 kam es zum ersten Todesurteil.

Nach der offiziellen Statistik betrug die Zahl der Verurteilten:

| | |
|---|---|
| 1939 | 36 Personen |
| 1940 | 830 Personen |
| 1941 | 721 Personen |
| 1942 | 985 Personen |
| 1943 | 878 Personen |

Trotz der teilweise drakonischen Strafen wurden weiter

»Feindsender« abgehört; der britische Rundfunk rechnete 1943 z. B. mit etwa ein bis drei Millionen zumindest gelegentlicher Hörer der Sendungen der BBC in Deutschland.
- Warum konnte die nationalsozialistische Diktatur in Deutschland ab 1933 und vor allem ab 1939 die Konkurrenz feindlicher Rundfunkmedien nicht dulden?
- Welches Schlaglicht werfen die »außerordentlichen Rundfunkmaßnahmen« auf das Verhältnis zwischen Führung und Volk?

## 2.6. Joseph Goebbels: Der Rundfunk im Kriege (1941)

Ablenkung vom harten Kriegsalltag und Unterhaltung im Rundfunk versprach der Propagandaminister genau eine Woche vor Beginn des deutschen Angriffs auf die Sowjetunion (22. Juni 1941). Ihm war wohl bewußt, daß die Zeit der schnellen Siege, die sich propagandistisch hervorragend auswerten ließen, bald vorbei sein würde. Das Programm bestand fortan fast nur noch aus Unterhaltungs- und ernster Musik, aus Nachrichten, Wehrmachtsbericht und Reportagen der Propagandakompanien und später auch aus Luftlagemeldungen, die die einfliegenden Bombenflugzeuge der Alliierten ankündigten.

## 3. Unter alliierter Aufsicht

### 3.1. Kontrollvorschriften der Besatzungsmächte – Rundfunkverbot für die Deutschen (1945)

1945 brach mit dem Deutschen Reich auch dessen Rundfunk zusammen. Zunächst verboten die alliierten Besatzungsmächte, die als die neuen Herren die Funkhoheit ausübten, den Deutschen, sich überhaupt auf dem Gebiet der Massenmedien und somit auch des Rundfunks zu betätigen.
- Welche Beweggründe führten zu diesem Verbot?
  Aspekte:
    - Zerschlagung des nationalsozialistischen Propagandaapparats

→ Möglichkeit des Neuaufbaus der Medien in einem neu zu schaffenden demokratischen Staat.

## 3.2. Positionen der Ministerpräsidenten für den Wiederaufbau des Rundfunks (1946)

Als erste Besatzungsmacht gaben die Amerikaner deutschen Politikern den Auftrag, den Rundfunk auf eine gesetzliche Grundlage zu stellen. Neben den vier Stationen in der amerikanischen Besatzungszone (in Bremen, Frankfurt am Main, München und Stuttgart) existierten je eine Rundfunkeinrichtung für die britische (Nordwestdeutscher Rundfunk in Hamburg) und die französische Zone (Südwestfunk in Baden-Baden). Die Beratungen im dafür ausersehenen Länderrat verliefen aber nicht zur Zufriedenheit der Amerikaner, da die deutschen Politiker an die Tradition der Weimarer Republik anknüpften und versuchten, den Rundfunk erneut an das Gängelband des Staates zu legen. Doch die Alliierten hatten völlig andere Vorstellungen von der Organisation des Rundfunks in einer Demokratie (vgl. Texte 3.4, 3.9).

## 3.3. Hans Bredow: Freier Rundfunk (1946)

Hans Bredow, in der Weimarer Republik Rundfunkkommissar des Reichspostministers und mitverantwortlich für die damalige Staatsnähe des Rundfunks, war eher als die aktiven Politiker bereit, aus der Fehlentwicklung der zwanziger Jahre die Konsequenzen zu ziehen. Zwar sollte der »Freie Rundfunk« nach seinen Vorstellungen von staatlichen Gesellschaften organisiert werden, doch frei sein vom Einfluß der jeweils an der Macht befindlichen Regierung. Als Sache der »Allgemeinheit« definierte Bredow diesen Rundfunk, frei von »amtlicher Rundfunkzensur«, frei ebenso wie die Presse (»Pressefreiheit« = »Rundfunkfreiheit«). (Vgl. Text 4.2.)
– Welche Zusammenhänge zwischen Organisations- und Funktionsprinzipien des Rundfunks werden bei solchen Überlegungen deutlich?

*3.4. Lucius D. Clay: Befehl zur Errichtung regierungsunabhängiger Rundfunkeinrichtungen (1947)*

Was die Besatzungsmächte, die die Demokratie nach Deutschland zurückbringen wollten, ursprünglich zu vermeiden trachteten, wurde dann doch unumgänglich. Sie machten von ihren diktatorischen Vollmachten Gebrauch und erteilten Befehle, wie der Rundfunk künftig zu organisieren sei und welche Rolle die Post, die sie mit dem Staate gleichsetzten, künftig zu spielen habe.
– Welche Prinzipien lassen sich erkennen?
– Welche Rolle sollte die Post künftig im Rundfunkwesen spielen?


*3.5. Barbara Mettler: Der Nachkriegsrundfunk als Medium der amerikanischen Umerziehungspolitik (1973)*

Umerzogen werden sollten die Deutschen, mit demokratischen Verhaltensweisen sollte die Bevölkerung vertraut gemacht werden, so definierten sich die Ziele der Programmrichtlinien. Zumindest in der ersten Phase der Besatzung galten solche Prinzipien uneingeschränkt, ab 1947 wirkte sich jedoch der beginnende Kalte Krieg auf das Rundfunkprogramm aus.
– Welche Schlußfolgerungen lassen sich aus diesen Zusammenhängen ziehen im Hinblick auf die Unabhängigkeit des Rundfunks?


*3.6. Nordwestdeutscher Rundfunk – erste öffentlich-rechtliche Rundfunkanstalt (1948)*

Anfang 1948 traten erstmals Bestimmungen in Kraft, die Organisationsprinzipien für einen der Allgemeinheit verpflichteten, von Regierung und Interessengruppen unabhängigen Rundfunk zum Inhalt hatten.
– Welche Organe wurden geschaffen, um die Unabhängigkeit zu garantieren?

– Wie spielen diese Organe zusammen, wen repräsentieren sie, welche Kompetenzen haben sie?

## 3.7. Programmauftrag für den Hessischen Rundfunk (1948)

Bereits im Frühjahr 1946 hatten Offiziere der amerikanischen Informationskontrolle einen Katalog mit Programmgrundsätzen zusammengestellt, die Eingang in die Rundfunkgesetze finden sollten. Diese »Zehn Gebote« fanden sich dann – teils in abgewandelter Form – in den 1948/49 verabschiedeten Rundfunkgesetzen der Länder der amerikanischen Besatzungszone wieder und sind in ihrem Kernbestand bis heute gültig.
– Welche journalistischen Leitlinien lassen sich aus dem Programmauftrag ableiten?
– Welche Privilegien räumen die »Grundsätze für die Darbietungen« der Landesregierung, den Parteien, den Sozialpartnern und den Kirchen ein?

## 3.8. Hugh Carleton Greene: Abschied vom NWDR (1948)

Greene, während des Krieges Leiter der deutschsprachigen Sendungen der BBC, letzter verantwortlicher britischer Kontrolloffizier und erster Generaldirektor des Nordwestdeutschen Rundfunks (NWDR), hatte ebenso zäh mit deutschen Politikern gerungen wie die Amerikaner, letztlich jedoch auf dem Wege des Kompromisses staatlichen Vertretern viel Einfluß einräumen müssen. Dagegen und gegen den möglicherweise wachsenden Einfluß der Parteien auf diesen neuen Rundfunk, erhob er bei seinem Abschied 1948 warnend seine Stimme. Er verband diesen Appell mit der Hoffnung, die Freiheit des Rundfunks werde in einer künftigen deutschen Verfassung ebenso verankert werden wie die Freiheit der Presse. (Vgl. Text 4.2.)

*3.9. Reinhold Maier: Ansprache bei der Übergabe von Radio Stuttgart in deutsche Hände (1949)*

Reinhold Maier, liberaler Ministerpräsident des Landes Württemberg-Baden, zeigte in seiner Ansprache wenig Verständnis für die Rolle eines freien Rundfunks in einer freien Gesellschaft. Stellvertretend für eine Reihe anderer deutscher Politiker drückte er die Unzufriedenheit mit der für den Rundfunk gefundenen gesetzlichen Regelung aus. An seiner ablehnenden Haltung gegenüber einem unabhängigen Rundfunk hatte sich seit 1946 nichts geändert (vgl. Text 3.2).
– Welche Gefahren für das Medium gingen von solch einer Position aus? (Vgl. Text 3.8.)

## 4. Von der Gründung der Bundesrepublik bis zum Fernsehurteil

*4.1. Presse- und Rundfunkbestimmungen der Alliierten Hohen Kommission (1949/50)*

Wenige Wochen nachdem das Grundgesetz für die Bundesrepublik vom Parlamentarischen Rat verabschiedet worden war, setzten die Besatzungsmächte die Alliierte Hohe Kommission als Nachfolgerin ihrer Militärregierungen und als oberste Kontrollbehörde ein. Kontrollieren sollte sie auch, ob die deutschen Politiker dem Rundfunk die Freiheit und Unabhängigkeit beließen, die ihm in den Rundfunkgesetzen zugestanden worden war. Eine gute Portion Mißtrauen floß in das alliierte Mediengesetz ein, durch das sich die Besatzer weiterhin die Funkhoheit vorbehielten.
– Worauf stützte sich dieses Mißtrauen? (Vgl. Texte 3.2, 3.4, 4.2.)

*4.2. Diskussionen im Parlamentarischen Rat über Rundfunkfreiheit und Rundfunkorganisation (1948/49)*

Der Parlamentarische Rat diskutierte über die Rundfunkbestimmung(en) des Grundgesetzes etwa zu dem Zeitpunkt, als

sich die Länderparlamente bei der Verabschiedung der Rundfunkgesetze erheblichem Druck durch die Alliierten ausgesetzt sahen. Gerade in den Ausschußberatungen ließ eine Mehrheit der »Verfassungsväter« ihrem Unmut über das dort ihrer Ansicht nach ergangene Besatzungsdiktat freien Lauf. Sie zeigte sich nicht geneigt, das, was die Alliierten auf Länderebene per Gesetz erzwungen hatten, auf der Ebene des Bundes freiwillig in der Verfassung zu verankern. Deswegen garantiert das Grundgesetz nur die »Freiheit der Berichterstattung durch Rundfunk« (Artikel 5), schreibt aber als Ordnungsprinzip für den Rundfunk nicht die der Allgemeinheit verpflichtete selbständige Anstalt des öffentlichen Rechts vor, wie es einige wenige wünschten.
– Welche Konsequenzen hatte dies für die späteren Auseinandersetzungen um den Rundfunk? (Vgl. Text 4.5.)

*4.3. Gründung der Arbeitsgemeinschaft der öffentlich-rechtlichen Rundfunkanstalten der Bundesrepublik Deutschland (ARD) (1950)*

Bereits als »Sender der alliierten Militärregierungen« hatten die Rundfunkstationen der Westzonen eng zusammengearbeitet. Nach Gründung der Bundesrepublik und Bildung der Bundesregierung wurde ein institutionalisierter Zusammenschluß dringend erforderlich. Nur so ließen sich die Begehrlichkeiten von außen (drohendes Rundfunkgesetz des Bundes, das der Regierung Einfluß auf das Medium verschaffen sollte) abwehren und bevorstehende innere Probleme (Einführung der neuen Rundfunkdienste Fernsehen und Auslandsrundfunk) meistern. Die schließlich 1950 gegründete Arbeitsgemeinschaft der öffentlich-rechtlichen Rundfunkanstalten der Bundesrepublik Deutschland (ARD) hat bis heute Bestand gehabt. Aus den sechs Mitgliedern im Gründerjahr 1950 sind mittlerweile zwölf geworden.
Hinzugekommen sind:
1950 (assoziiert) RIAS Berlin
1954 Sender Freies Berlin

1956 Norddeutscher Rundfunk ⎱ aus der Teilung des Nord-
     Westdeutscher Rundfunk  ⎰ westdeutschen Rundfunks
                               hervorgegangen
1959 Saarländischer Rundfunk
1962 Deutsche Welle
     Deutschlandfunk
- Welchen Unterschied gibt es zwischen der Rundfunkorganisation der Weimarer Republik und derjenigen der Bundesrepublik, vergleicht man Reichs-Rundfunk-Gesellschaft (RRG) und ARD miteinander? (Vgl. Text 1.3.)
  Gesichtspunkte:
  - Ausschlaggebender Einfluß des Staates (Post) in der Dachorganisation des Rundfunks vor 1933
  - Selbstverwalteter Zusammenschluß autonomer, staatsfreier und staatsunabhängiger Rundfunksender.

## 4.4. Fernsehvertrag der ARD-Rundfunkanstalten (1953)

Am 25. Dezember 1952 begann das Fernsehen beim Nordwestdeutschen Rundfunk in Hamburg mit seinen Nachkriegssendungen. Schon zu diesem Zeitpunkt war klar, daß sich aus Kostengründen nicht alle Rundfunkanstalten ein eigenes, nur im eigenen Sendegebiet ausgestrahltes und empfangbares Fernsehprogramm würden leisten können. Anfang der 50er Jahre kostete eine Hörfunkprogrammminute etwa 25 DM, während man beim Fernsehen mit Minutenkosten von rund 500 DM rechnete. Deswegen liefen die Planungen auf ein Gemeinschaftsprogramm hinaus, zu dem jede Rundfunkanstalt einen bestimmten, an ihrer Finanzkraft orientierten prozentualen Anteil beisteuern sollte. Der 1953 abgeschlossene Fernsehvertrag gestand jeder Rundfunkanstalt zu, eigene regionale Programme auszustrahlen oder auf die Ausstrahlung von Teilen des Gemeinschaftsprogramms zu verzichten und diese durch eigene Beiträge zu ersetzen.
Nachdem die technischen Voraussetzungen geschaffen waren, begann das Gemeinschaftsprogramm am 1. November 1954. Durch den Beitritt weiterer Rundfunkanstalten, hat

sich der Programmschlüssel mehrmals geändert. Derzeit tragen die Rundfunkanstalten folgende Prozentanteile bei:

| | |
|---|---|
| Westdeutscher Rundfunk | 25 |
| Norddeutscher Rundfunk | 19 |
| Bayerischer Rundfunk | 17 |
| Südwestfunk | 9 |
| Hessischer Rundfunk | 8 |
| Sender Freies Berlin | 8 |
| Süddeutscher Rundfunk | 8 |
| Radio Bremen | 3 |
| Saarländischer Rundfunk | 3 |

– Welche Vorteile bringt ein auf diese Weise zustandekommendes Programm mit sich?
– Welche Nachteile sind darin zu sehen, daß jede Rundfunkanstalt möglicherweise eigene Vorstellungen zu verwirklichen sucht?

## 4.5. Fernsehurteil des Bundesverfassungsgerichts (1961)

Nach jahrelangen ergebnislosen Beratungen zwischen Bund und Ländern über die künftige Organisation des Rundfunks, vor allem aber über die Einführung eines zweiten Fernsehprogramms, machte die Bundesregierung unter Konrad Adenauer einen Vorstoß hin zur Einrichtung eines staatlichen Fernsehens. Der Kanzler unterzeichnete zusammen mit Bundesjustizminister Fritz Schäffer, der als Treuhänder der widerspenstigen Länder auftrat, am 25. Juli 1960 den Gesellschaftsvertrag für die »Deutschland-Fernsehen-GmbH« in hundertprozentigem Staatsbesitz. Darauf erhoben mehrere Bundesländer Klage gegen die Bundesregierung beim Bundesverfassungsgericht in Karlsruhe. Am 28. Februar 1961 verkündete das oberste deutsche Gericht seinen Spruch, der Adenauers Fernsehabenteuer ein Ende setzte.

– Welche Grundprinzipien für die Gestaltung der medienpolitischen Landschaft sind im Urteil des Bundesverfassungsgerichts festgehalten?
  Einige Gesichtspunkte:
  – Abgrenzung der Aufgaben zwischen Bund und Ländern

- Errichtung von technischen Sendeanlagen durch den Bund
- Bestimmung der Träger von Rundfunkprogrammen durch die Länder
- Rundfunkprogramme dürfen auch durch andere Einrichtungen als durch öffentlich-rechtliche Anstalten ausgestrahlt werden
- Art. 5 des Grundgesetzes (»Rundfunkfreiheit«) darf nicht durch staatlichen Einfluß oder Einfluß *einer* gesellschaftlichen Gruppe auf den Rundfunk eingeschränkt werden.

## 5. Von der Gründung des ZDF bis zum Ende des öffentlich-rechtlichen Rundfunkmonopols

### 5.1. Staatsvertrag über das ZDF (1961)

Nachdem das Bundesverfassungsgericht sein Fernsehurteil gesprochen hatte, handelten die Länder schnell und gründeten eine ganz neue Anstalt des öffentlichen Rechts. Ihr übertrugen sie die Aufgabe, ein zweites Fernsehprogramm für die Bundesrepublik anzubieten. In seinen wesentlichen Bestimmungen folgte der Länder-Staatsvertrag über die Errichtung des ZDF den Landesrundfunkgesetzen. So wird das Programm vom Fernsehrat überwacht, dem Vertreter der Regierungen, der Parteien sowie der gesellschaftlich relevanten Gruppen angehören und der den Intendanten wählt. ZDF und ARD sind gehalten, den Zuschauern »zwei inhaltlich verschiedene Programme« anzubieten. Hierzu werden in Abständen von zwei bis drei Jahren Koordinationsabkommen über das Programm-Schema abgeschlossen (vgl. Text 5.7).

### 5.2. Axel Springer: Presse und Fernsehen (1961)

Die Zeitungsverleger drängte es schon immer auch in das elektronische Medium. Eine Vorreiterrolle übernahm in den

60er Jahren der Verleger der *Bild-Zeitung* und einer Reihe anderer gewinnträchtiger Druckerzeugnisse, Axel Springer.
- Wie begründet der Zeitungsverleger seine Forderung nach Beteiligung am Rundfunk?

## 5.3. Kommission des Bundestages: Keine Wettbewerbsverzerrung zwischen Presse und Rundfunk (1967)

Die Vorwürfe, die Springer 1961 als erster gegen den Rundfunk erhob und die anschließend immer lauter wurden, entkräftete eine 1964 vom Bundestag eigens eingesetzte Kommission. Nach sorgfältigen Erhebungen widerlegte sie die Behauptungen von einer Wettbewerbsverzerrung zwischen Presse und Rundfunk. Die Kommission machte einige grundlegende Fakten über die Nutzung der Medien und ihre gegenseitige Beeinflussung publik. Außerdem ist dem Bericht Aufschlußreiches über die ökonomischen Strukturen des Rundfunks wie der Presse zu entnehmen.

Gesichtspunkte:
- Erlöse des Rundfunks durch Gebühren und durch Werbeeinnahmen
- Entwicklung des Anzeigenteils der Tageszeitungen
- Wettbewerb zwischen den Verlagen und deren Zeitungen
- Ein Verlegerfernsehen begegnet verfassungsrechtlichen und wettbewerbspolitischen Bedenken.

## 5.4. Publizistische Gewaltenteilung – Zwei Positionen (1968/1970)

### 5.4.1. SDR-Intendant Hans Bausch

Presse und Rundfunk haben im Mediengefüge ganz unterschiedliche Aufgaben. Aus diesem Grund sind die Produkte, die zur Information von Lesern, Hörern und Zuschauern hergestellt und verbreitet werden, medienspezifisch unterschiedlich geprägt.

Gesichtspunkte:
- Unterschiedliche Verfügbarkeit der gedruckten und der elektronischen Medien

- Werbeeffekt des viel aktuelleren Rundfunks für die ausführlicher berichtende Presse
- Trennung der publizistischen Macht als Verhinderung der Übermacht eines einzelnen Trägers publizistischer Macht.

### 5.4.2. Bundesverband der Deutschen Zeitungsverleger

Der Interessenverband der Zeitungsverleger bestreitet, daß das »Prinzip der publizistischen Gewaltenteilung« auf das Verhältnis der Medien untereinander angewandt werden kann. Er fordert deswegen die Zulassung von privaten Trägern zur Veranstaltung von Rundfunksendungen. Nur so könne nämlich die von der Verfassung geforderte und vom Verfassungsgericht bestätigte Vielfalt hergestellt werden. Angesichts neuer Techniken, wie Kabelübertragung und Erschließung neuer Frequenzbereiche, müßten private Sender zugelassen werden.

### 5.5. Telekommunikationsbericht (1975)

Um Licht in das immer undurchdringlicher werdende Dikkicht der »Neuen Medien« zu bringen, berief die Bundesregierung Ende 1973 die »Kommission für den Ausbau der technischen Kommunikationssysteme« (KtK). Sie sollte Vorschläge für »ein wirtschaftlich vernünftiges und gesellschaftlich wünschenswertes technisches Kommunikationssystem der Zukunft« machen. Nach zwei Jahren intensiver Arbeit legte die Kommission den »Telekommunikationsbericht« vor. In ihm empfahl sie u. a. Modellversuche zur Erprobung von Kabelsystemen (Kabelpilotprojekte) und neuen Programminhalten, da es keinen ausgeprägten und drängenden Bedarf für die Errichtung eines bundesweiten Kabelverteilnetzes gebe.
- Welche Einzelempfehlungen können dem Auszug aus dem KtK-Bericht zur Einführung der Kabelpilotprojekte entnommen werden?

## Kabelpilotprojekte, unterschiedlich organisiert (1980/1983)

Erst 1978 zogen die Ministerpräsidenten der Länder die Schlußfolgerungen aus den Empfehlungen des Telekommunikationsberichts. Sie beschlossen, vier Pilotprojekte vorzusehen, von denen mindestens eines auch privaten Programmveranstaltern offenstehen soll.

### 5.6.1. Pilotprojekt Ludwigshafen/Vorderpfalz

Ende 1980 verabschiedete der Landtag von Rheinland-Pfalz das Gesetz über einen Versuch mit Breitbandkabel für das Kabelpilotprojekt in Ludwigshafen und in der Vorderpfalz. Es hat am 1. Januar 1984 mit seinen Sendungen begonnen und läßt erstmals in der deutschen Rundfunkgeschichte Privatfernsehen zu.

### 5.6.2. Pilotprojekt Dortmund

Der nordrhein-westfälische Landtag hat Ende 1983 ein Gesetz zur Einrichtung eines Kabelpilotprojektes in Dortmund erlassen. Voraussichtlich sollen hier die Sendungen im Laufe des Jahres 1985 beginnen.
- Welche Gemeinsamkeiten und welche Unterschiede weisen die beiden Modelle auf
  - in Bezug auf die Programmverantwortung?
  - in Bezug auf zu testende neue Programmformen (offener Kanal)?

## 5.7. Programm-Schema von ARD und ZDF (1984)

Das derzeit gültige Programm-Schema von ARD und ZDF für das erste und das zweite Fernsehprogramm zeigt, an welchen Tagen und zu welcher Zeit es feste Sendeplätze gibt und zu welchen Zeiten die Zuschauer vom einen auf das andere Programm »umsteigen« können, ohne etwas zu versäumen. Damit kommen die beiden Fernsehsysteme der Forderung des ZDF-Staatsvertrags nach, den Zuschauern »zwei inhaltlich verschiedene Programme« anzubieten (vgl. Text 5.1).

# V. Quellenverzeichnis

1. In der Weimarer Republik

1.1. Helmut Drubba: Zur Etymologie des Wortes Rundfunk (1978). Aus: Publizistik 23 (1978) H. 3, S. 240–249.
1.2. Bericht des Reichspostministers über die Einführung des Rundfunks (1923). Aus: Bundesarchiv Koblenz R 43 I/1999. Abgedruckt in: Winfried B. Lerg, Die Entstehung des Rundfunks in Deutschland. Herkunft und Entwicklung eines publizistischen Mittels. Frankfurt a. M.: Knecht ²1970. (Beiträge zur Geschichte des deutschen Rundfunks 1.) S. 188 f.
1.3. Richtlinien über die Regelung des Rundfunks (1926). Aus: Deutscher Reichstag, III. Wahlperiode 1924–1928, Drucksache Nr. 2776. Abgedruckt in: Winfried B. Lerg, Die Entstehung des Rundfunks in Deutschland. Herkunft und Entwicklung eines publizistischen Mittels. Frankfurt a. M.: Knecht ²1970. (Beiträge zur Geschichte des deutschen Rundfunks 1.) S. 368–371.
1.4. Hans Flesch: Die kulturellen Aufgaben des Rundfunks (1926). Aus: Tagung der Reichs-Rundfunk-Gesellschaft, Berlin, am 26. und 27. Februar 1926 in Stuttgart. Berlin: Reichsdruckerei 1926. S. 24–27.
1.5. Carl Severing: Rundfunk-Reformvorschläge (1929). Aus: Nachlaß Severing im Archiv der sozialen Demokratie der Friedrich-Ebert-Stiftung Bonn. Abgedruckt in: Wolf Bierbach, Die Rundfunkreformvorschläge von Reichsminister Carl Severing – Anmerkungen zur Rundfunkpolitik der Weimarer SPD. In: Winfried B. Lerg / Rolf Steininger (Hrsg.), Rundfunk und Politik 1923 bis 1973. Beiträge zur Rundfunkforschung. Berlin: Spieß 1975. (Rundfunkforschung 3.) S. 38–40.
1.6. Richtlinien für den Rundfunk (1932). Aus: Hauptstaatsarchiv Stuttgart E 130 II/444. Abgedruckt in: Hans Bausch, Der Rundfunk im politischen Kräftespiel der Weimarer Republik 1923–1933. Tübingen: Mohr 1956. S. 212–214.
1.7. Bertolt Brecht: Rede über die Funktion des Rundfunks (1932). Aus: B. B.: Gesammelte Werke. Bd. 18. Frankfurt a. M.: Suhrkamp 1967. S. 129–131.
1.8. Winfried B. Lerg: Thesen zum Rundfunk in der Weimarer Republik (1965). Aus: W. B. L., Die Entstehung des Rundfunks in Deutschland. Herkunft und Entwicklung eines publizistischen Mittels. Frankfurt a. M.: Knecht ²1970. (Beiträge zur Geschichte des deutschen Rundfunks 1.) S. 309–311.

2. Im Dritten Reich

2.1. Joseph Goebbels: Rede vor den Rundfunkintendanten über die Aufgaben des Rundfunks im nationalsozialistischen Staat (1933). Aus: Mitteilungen der Reichs-Rundfunk-Gesellschaft, Sonderbeilage zu Nr. 354 vom 30. 3. 1933. Abgedruckt in: Ansgar Diller, Rundfunkpolitik im Dritten Reich. München: Deutscher Taschenbuch Verlag 1980. (Rundfunk in Deutschland 2.) S. 143–145.
2.2. Gerhard Eckert: Volksempfänger (1941). Aus: Volksempfänger organi-

siert die Hörer, 1941. In: G. E., Der Rundfunk als Führungsmittel. Heidelberg: Vowinckel 1941. (Studien zum Weltrundfunk und Fernsehrundfunk 1.) S. 41 f.
2.3. Gerhard Eckert: Der Rundfunk als Führungsmittel (1941). Heidelberg: Vowinckel 1941. (Studien zum Weltrundfunk und Fernsehrundfunk 1.) S. 243–247.
2.4. Abhörverbot für Auslandssender (1939). Aus: Reichsgesetzblatt 1939, Teil I, Nr. 169, S. 1638.
2.5. Gerichtsurteile wegen der Übertretung des Abhörverbots von »Feindsendern« (1942). Aus: Rundfunk-Archiv 15 (1942) H. 3, S. 135–137.
2.6. Joseph Goebbels: Der Rundfunk im Kriege (1941). Aus: Das Reich vom 15. 6. 1941. Abgedruckt in: Rundfunk-Archiv 14 (1941) H. 6, S. 212 f.

3. Unter alliierter Aufsicht

3.1. Kontrollvorschriften der Besatzungsmächte – Rundfunkverbot für die Deutschen (1945). Aus: Gesetz Nr. 191 und Nachrichtenkontroll-Vorschrift Nr. 1 der Militärregierung für Deutschland. In: Amtsblatt der Militärregierung Deutschland (Britisches Kontrollgebiet) 1945, Nr. 5, S. 69 f.
3.2. Positionen der Ministerpräsidenten für den Wiederaufbau des Rundfunks (1946). Aus: Sitzungen des Länderrats der amerikanischen Besatzungszone. Abgedruckt in: Akten zur Vorgeschichte der Bundesrepublik Deutschland 1945–1949. Bd. 1. München u. Wien: Oldenbourg 1976. S. 233 f.
3.3. Hans Bredow: Freier Rundfunk (1946). In: Radio-Spiegel 1 (1946) H. 12, S. 3.
3.4. Lucius D. Clay: Befehl zur Errichtung regierungsunabhängiger Rundfunkeinrichtungen (1947). Abgedruckt in: Hessischer Landtag. Drucksache Abt. 1, 1. Wahlperiode. Wiesbaden 1948. S. 1095.
3.5. Barbara Mettler: Der Nachkriegsrundfunk als Medium der amerikanischen Umerziehungspolitik (1973). Aus: Rundfunk und Fernsehen 21 (1973) H. 2/3, S. 166–182.
3.6. Nordwestdeutscher Rundfunk erste öffentlich-rechtliche Rundfunkanstalt (1948). Aus: Verordnung Nr. 118 der britischen Militärregierung über die Errichtung des Nordwestdeutschen Rundfunks als Anstalt des öffentlichen Rechts. In: Amtsblatt der Militärregierung Deutschland (Britisches Kontrollgebiet) 1947, Nr. 22, S. 656–660.
3.7. Programmauftrag für den Hessischen Rundfunk (1948). Aus: Gesetz über den Hessischen Rundfunk vom 2. 10. 1948. In: Gesetz- und Verordnungsblatt für das Land Hessen 1948, Nr. 24, S. 123–125.
3.8. Hugh Carleton Greene: Abschied vom NWDR (1948). Aus: Rundfunk und Fernsehen (1948/49) H. 2, S. 14–16.
3.9. Reinhold Maier: Ansprache bei der Übergabe von Radio Stuttgart in deutsche Hände (1949). Aus: Rundfunk und Fernsehen (1949) H. 3/4, Anhang S. 32–35.

4. Von der Gründung der Bundesrepublik bis zum Fernsehurteil
4.1. Presse- und Rundfunkbestimmungen der Alliierten Hohen Kommission (1949/50). Aus: Gesetz Nr. 5 der Alliierten Hohen Kommission über die Presse, den Rundfunk, die Berichterstattung und die Unterhaltungsstätten vom 21. 9. 1949 sowie die 1. Durchführungsverordnung zu diesem Gesetz vom 6. 5. 1950. Abgedruckt in: Carl-Heinz Lüders, Presse- und Rundfunkrecht. Berlin u. Frankfurt a. M.: Vahlen 1952. S. 101–106.
4.2. Diskussionen im Parlamentarischen Rat über Rundfunkfreiheit und Rundfunkorganisation (1948/49). Abgedruckt in: Carl-Heinz Lüders, Die Zuständigkeit zur Rundfunkgesetzgebung. Bonn: Vahlen 1953. S. 40–45.
4.3. Gründung der Arbeitsgemeinschaft der öffentlich-rechtlichen Rundfunkanstalten der Bundesrepublik Deutschland (ARD) (1950). Satzung abgedruckt in: Carl-Heinz Lüders, Presse- und Rundfunkrecht. Berlin u. Frankfurt a. M.: Vahlen 1952. S. 144–147.
4.4. Fernsehvertrag der ARD-Rundfunkanstalten (1953). Aus: Deutsches Rundfunkarchiv, ARD-Akten 2–715 (1).
4.5. Fernsehurteil des Bundesverfassungsgerichts (1961). Abgedruckt in: Günther Zehner (Hrsg.), Der Fernsehstreit vor dem Bundesverfassungsgericht. Bd. 2. Karlsruhe: C. F. Müller 1965. S. 337–339.

5. Von der Gründung des ZDF bis zum Ende des öffentlich-rechtlichen Rundfunkmonopols
5.1. Staatsvertrag über das ZDF (1961). Abgedruckt in: Wolfgang Lehr / Klaus Berg (Hrsg.), Rundfunk und Presse in Deutschland. Rechtsgrundlagen der Massenmedien – Texte. Mainz: v. Hase & Koehler ²1976. S. 157–166.
5.2. Axel Springer: Presse und Fernsehen. Rede auf der Jahreshauptversammlung des Bundesverbandes Deutscher Zeitungsverleger e. V. (1961). Abgedruckt in: Rundfunkanstalten und Tageszeitungen. Eine Materialsammlung. Dokumentation 1: Tatsachen und Meinungen. Frankfurt a. M.: ARD 1965. S. 370–388.
5.3. Kommission des Bundestages: Keine Wettbewerbsverzerrung zwischen Presse und Rundfunk (1967). Zusammenfassung der Ergebnisse der Kommission zur Untersuchung der Wettbewerbsgleichheit von Presse, Funk/Fernsehen und Film – Michel-Kommission – (Pressemitteilung vom 27. 9. 1967). Abgedruckt in: ARD (Hrsg.), Rundfunkanstalten und Tageszeitungen. Eine Materialsammlung. Dokumentation 5: Untersuchungsergebnisse und Empfehlungen. Frankfurt a. M.: v. Hase & Koehler 1969. S. 2–10.
5.4. Publizistische Gewaltenteilung – Zwei Positionen (1968/1970). 5.4.1. SDR-Intendant Hans Bausch.: Aus: Hans Bausch, Gewaltenteilung in der Publizistik (1968). In: Robert Schwebler u. a. (Hrsg.), Jahre der Wende. Festgabe für Alex Möller zum 65. Geburtstag. Karlsruhe: Verlag Versicherungswirtschaft 1968. S. 277–283. 5.4.2. Bundesverband Deutscher Zeitungsverleger. Aus: Edgar Schulz, Rundschreiben des Bundesverbandes der Deutschen Zeitungsverleger zur »Publizistischen Gewaltenteilung« (1970). Abgedruckt in: Anmerkungen zum Rundfunkwesen III. Eine Auswahl 1970–1974. o. O. (Nürnberg: Privatdruck) 1975. S. 20–22.

Telekommunikationsbericht (1975). Aus: Telekommunikationsbericht (1975) der Kommission für den Ausbau des technischen Kommunikationssystems (KtK). Bonn: Bundesministerium für das Post- und Fernmeldewesen 1976. S. 29 u. 119–127.
5.6. Kabelpilotprojekte, unterschiedlich organisiert (1980/1983). 5.6.1. Pilotprojekt Ludwigshafen/Vorderpfalz. Aus: Landesgesetz von Rheinland-Pfalz über einen Versuch mit Breitbandkabel (1980). Abgedruckt in: ARD-Jahrbuch 81, S. 349–353. 5.6.2. Pilotprojekt Dortmund. Aus: Gesetz über die Durchführung eines Modellversuchs mit Breitbandkabel in Dortmund (1983). Abgedruckt in: FUNK-Korrespondenz 31 (1983) Nr. 50, S. D 1 – D 6.
5.7. Programm-Schema von ARD und ZDF (1984). Aus: Koordinierungsvereinbarung von ARD und ZDF (1984). Abgedruckt in: ARD-Jahrbuch 84. S. 390–393.

# VI. Literaturhinweise

Es werden hauptsächlich Werke, die seit 1980 erschienen sind, aufgeführt.

## 1. Handbücher, Jahrbücher, Lexika, Überblicke

Arbeitsgemeinschaft der öffentlich-rechtlichen Rundfunkanstalten der Bundesrepublik Deutschland (Hrsg.): ARD-Jahrbuch 1969 ff. Hamburg 1969 ff.
Aufermann, Jörg / Wilfried Scharf (Hrsg.): Fernsehen und Hörfunk für die Demokratie. Ein Handbuch über den Rundfunk in der Bundesrepublik Deutschland. Opladen ²1981.
Döhn, Lothar / Klaus Klöckner: Medienlexikon. Kommunikation in Gesellschaft und Staat. Baden-Baden 1979.
Faulstich, Werner (Hrsg.): Kritische Stichwörter zur Medienwissenschaft. München 1979.
Internationales Handbuch für Rundfunk und Fernsehen 1984/85. Hamburg: Hans-Bredow-Institut ¹⁷1984.
Koszyk, Kurt / Karl Hugo Pruys: Handbuch der Massenkommunikation. München 1981.
Kreuzer, Helmut / Karl Prümm (Hrsg.): Fernsehsendungen und ihre Formen. Typologie, Geschichte und Kritik des Programms in der Bundesrepublik Deutschland. Stuttgart 1979.
Kreuzer, Helmut (Hrsg.): Sachwörterbuch des Fernsehens. Göttingen 1982.
Lehr, Wolfgang / Klaus Berg (Hrsg.): Rundfunk und Presse in Deutschland. Rechtsgrundlagen der Massenmedien – Texte. Mainz ²1976.
Meyn, Hermann: Massenmedien in der Bundesrepublik Deutschland. Berlin 1979.
Ratzke, Dietrich: Handbuch der neuen Medien. Information und Kommunikation, Fernsehen und Hörfunk, Presse und Audiovision heute und morgen. Stuttgart 1982.
Saur, Karl-Otto: 100 × Fernsehen und Hörfunk. Mannheim 1978. (Klipp und klar 6.)
Schult, Gerhart / Axel Buchholz (Hrsg.): Fernseh-Journalismus. Ein Handbuch für Ausbildung und Praxis. München 1982.
Silbermann, Alphons: Handwörterbuch der Massenkommunikation und Medienforschung. 2 Bde. Berlin 1983.
Zweites Deutsches Fernsehen (Hrsg.): ZDF-Jahrbuch 1964 ff. Mainz 1965 ff.

## 2. Rundfunkgeschichte

Bausch, Hans: Der Rundfunk im politischen Kräftespiel der Weimarer Republik 1923–1933. Tübingen 1956.
Bausch, Hans: Rundfunkpolitik nach 1945. Erster Teil: 1945–1962; Zweiter Teil: 1963–1980. München 1980. (Rundfunk in Deutschland 3 und 4.)
Bessler, Hansjörg: Hörer- und Zuschauerforschung. München 1980. (Rundfunk in Deutschland 5.)

...bach, Wolf (Bearb.): Der neue WDR. Dokumente zur Nachkriegsgeschichte des Westdeutschen Rundfunks. Köln u. Berlin 1978.
Boelcke, Willi A.: Die Macht des Radios. Weltpolitik und Auslandsrundfunk 1924–1976. Frankfurt a. M. 1977.
Dahl, Peter: Radio. Sozialgeschichte des Rundfunks für Sender und Empfänger. Reinbek bei Hamburg 1983.
Diller, Ansgar: Rundfunkpolitik im Dritten Reich. München 1980. (Rundfunk in Deutschland 2.)
Eurich, Claus / Gerd Würzberg: 30 Jahre Fernsehalltag. Wie das Fernsehen unser Leben verändert hat. Reinbek bei Hamburg 1983.
Fessmann, Ingo: Rundfunk und Rundfunkrecht in der Weimarer Republik. Frankfurt a. M. 1973.
Glässgen, Heinz: Katholische Kirche und Rundfunk in der Bundesrepublik Deutschland 1945–1962. Berlin 1983.
Grube, Sibylle: Rundfunkpolitik in Baden und Württemberg 1924–1933. Berlin 1976.
Lerg, Winfried B.: Die Entstehung des Rundfunks in Deutschland. Herkunft und Entwicklung eines publizistischen Mittels. Frankfurt a. M. ²1971.
Lerg, Winfried B.: Rundfunkpolitik in der Weimarer Republik. München 1980. (Rundfunk in Deutschland 1.)
Lerg, Winfried B. / Rolf Steininger: Rundfunk und Politik 1923–1973. Beiträge zur Rundfunkforschung. Berlin 1975.
Maaßen, Ludwig: Der Kampf um den Rundfunk in Bayern. Rundfunkpolitik in Bayern 1945 bis 1973. Berlin 1979.
Mettler, Barbara: Demokratisierung und Kalter Krieg. Zur amerikanischen Informations- und Rundfunkpolitik in Westdeutschland 1945–1949. Berlin 1975.
Schneider, Irmela: Radiokultur in der Weimarer Republik. Tübingen 1984.
Schwan, Heribert: Der Rundfunk als Instrument der Politik im Saarland 1945–1955. Berlin 1974.
Steininger, Rolf: Deutschlandfunk – die Vorgeschichte einer Rundfunkanstalt 1949–1961. Ein Beitrag zur Innenpolitik der Bundesrepublik Deutschland. Berlin 1977.
Tracy, Michael: Das unerreichbare Wunschbild. Ein Versuch über Hugh Greene und die Neugründung des Rundfunks in Westdeutschland. Köln 1983.
Wehmeier, Klaus: Die Geschichte des ZDF: Teil 1: Entstehung und Entwicklung 1961–1966. Mainz 1979.

## 3. Aktuelle Probleme

Ahrens, Y. u. a.: Das Lehrstück »Holocaust«. Wirkungen und Nachwirkungen eines Medienereignisses. Opladen 1982.
Arnold, Bernd-Peter: Hörfunk-Information. Hinter den Kulissen des schnellsten Nachrichtenmediums. Opladen 1981.
Augst, Gerhard: Kind und Fernsehen. Theoretische und empirische Untersuchung zum Kinderfernsehen. Opladen 1980.

Barsig, Franz: Die öffentlich-rechtliche Illusion. Medienpolitik im Wan[del]. Köln 1981.
Benecke, Klaus-Michael: Schulfernsehen in Theorie und Praxis. Untersuchungen zu einem neuen Unterrichtsmedium. Opladen 1981.
Bentele, Günter / Robert Ruoff: Wie objektiv sind unsere Medien? Frankfurt a. M. 1982.
Berendes, Konrad: Die Staatsaufsicht über den Rundfunk. Berlin 1973.
Berg, Klaus / Marie Luise Kiefer: Massenkommunikation. Eine Langzeitstudie zur Mediennutzung und Medienbewertung. Bd. 2: 1964–1980. Frankfurt a. M. 1982.
Brauneck, Manfred (Hrsg.): Film und Fernsehen. Materialien zur Theorie, Soziologie und Analyse der audio-visuellen Massenmedien. Bamberg 1980.
Bulliger, Martin: Kommunikationsfreiheit im Strukturwandel der Telekommunikation. Baden-Baden 1980.
Eurich, Claus: Das verkabelte Leben – Wem schaden und nützen die neuen Medien? Reinbek bei Hamburg 1980.
Fischer, Heinz-Dietrich (Hrsg.): Rundfunk-Intendanten – Kommunikatoren oder Manager? Rechtsstellung, Selbstverständnis und publizistischer Status der Leiter öffentlich-rechtlicher Rundfunkanstalten in der Bundesrepublik Deutschland. Bochum 1979.
Goedde, Walter / Wolfgang R. Bischoff: Leitsätze zur Kommunikationspolitik. Urteile höchster Gerichte zu Art. 5, Abs. 1 und 2 GG. München 1982.
Heiks, Michael: Politik im Magazin. Empirische Analyse zur Entstehung und Darstellung politischer Realität am Beispiel der WDR-Hörfunksendung »Das Morgenmagazin«. Frankfurt a. M. 1982.
Höfer, Werner (Hrsg.): Was sind Medien? Percha 1981.
Hoffmann, Rolf-Rüdiger: Politische Fernsehinterviews. Eine empirische Analyse sprachlichen Handelns. Tübingen 1982.
Huth, Lutz: Zuschauerpost – ein Folgeproblem massenmedialer Kommunikation. Tübingen 1981.
Jaide, Walter: Junge Hausfrauen im Fernsehen. Empirische Untersuchungen über die Wirkung von Fernsehfilmen. Opladen 1980.
Jarass, Hans D.: Die Freiheit des Rundfunks vom Staat. Gremienbesetzung, Rechtsaufsicht, Genehmigungsvorbehalte, staatliches Rederecht und Kooperationsformen auf dem verfassungsrechtlichen Prüfstand. Berlin u. München 1981.
Jordan, Peter: Das Fernsehen und seine Zuschauer. Einflüsse auf Meinungen und Vorurteile. Frankfurt a. M. 1982.
Kepplinger, Hans M.: Massenkommunikation. Rechtsgrundlagen, Medienstrukturen, Kommunikationspolitik. Stuttgart 1982.
Kiefer, Heinz J.: Auf dem Weg zur Informationsgesellschaft. Bochum 1982.
Kleinsteuber, Hans J.: Rundfunkpolitik in der Bundesrepublik. Der Kampf um die Macht über Hörfunk und Fernsehen. Opladen 1982.
Kotelmann, Johannes / Lothar Mikos: Frühjahrsputz und Südseezauber. Die Darstellung der Frau in der Fernsehwerbung und das Bewußtsein von Zuschauerinnen. Baden-Baden 1981.
Lange, Klaus: Das Bild der Politik im Fernsehen. Die filmische Konstruktion einer politischen Realität in den Fernsehnachrichten. Frankfurt a. M. 1981.

...nder, Jerry: Schafft das Fernsehen ab! Eine Streitschrift gegen das Leben aus zweiter Hand. Reinbek bei Hamburg 1980.

Nestmann, Frank: Fernsehen im Urteil der Zuschauer. Eine empirische Analyse von Medienkritik und Medienbewußtsein. Tübingen 1983.

Oberreuter, Heinrich: Übermacht der Medien. Erstickt die demokratische Kommunikation? Zürich 1982.

Reichardt, Hartmut (Hrsg.): Neue Medien – alte Politik. München 1981.

Renckstorf, Karsten: Nachrichtensendungen im Fernsehen. 2 Bde. Berlin 1980.

Ruhland, Walter: Fernsehmagazine und Parteien. Die Darstellung der Parteien in den innenpolitischen Magazinen des deutschen Fernsehens im Bundestagswahljahr 1976. Berlin 1979.

Rummel, Alois: Soll Rundfunk erziehen? Geborgte Freiheit muß verantwortet werden. Stuttgart 1980.

Scheuner, Ulrich: Das Grundrecht der Rundfunkfreiheit. Berlin 1982.

Schmidbauer, Michael: Satellitenfernsehen für die Bundesrepublik Deutschland. Bedingungen und Möglichkeiten des Direktfernsehens via Satellit. Berlin 1983.

Schmitz, Manfred / Helmut Wallrafen-Dreisow: Beispiel: Panorama. Versuch einer kritischen Analyse der Brokdorf-Berichterstattung. Frankfurt a. M. 1982.

Schwanebeck, Axel: Kabelfernsehen. Aspekte seiner Entwicklung im internationalen Bereich. Frankfurt a. M. 1982.

Sondergeld, Klaus: Die Wirtschafts- und Sozialberichterstattung in den Fernsehnachrichten. Eine theoretische und empirische Untersuchung zur politischen Kommunikation. Münster 1983.

Späth, Lothar: Das Kabel – Anschluß an die Zukunft: Stellungnahme zu geplanten Kommunikationsmedien. Stuttgart 1981.

Strassner, Erich: Fernsehnachrichten: Eine Produktions-, Produkt- und Rezeptionsanalyse. Tübingen 1982.

Studthoff, Alex: Fernsehen in Deutschland – Programm ohne Zukunft. Berlin 1982.

Teichert, Will: Die Region als publizistische Aufgabe. Ursachen, Fallstudien, Befunde. Hamburg 1982.

Thomas, Michael W. (Hrsg.): Ein anderer Rundfunk, eine andere Republik oder die Enteignung des Bürgers. Berlin u. Bonn 1980.

Thomas, Michael W. (Hrsg.): Die lokale Betäubung oder der Bürger und seine Medien. Bonn 1981.

Thomas, Michael W. (Hrsg.): Die Verteidigung der Rundfunkfreiheit. Reinbek bei Hamburg 1979.

Weischenberg, Siegfried: Journalismus in der Computergesellschaft. Informatisierung, Medientechnik und die Rolle des Berufskommunikators. München 1982.

Wichterich, Christa: Unsere Nachbarn heute abend. Familienserien im Fernsehen. Frankfurt u. New York 1979.

Wosutzka, Andreas-Rudolf: Fernsehnachrichten für Kinder. Frankfurt a. M. 1982.

## 4. Didaktisch-methodische Literatur

Bauer, Thomas A.: Medienpädagogik. Bd. 1: Theorie-Diskussion: Der Kommunikationssinn; Bd. 2: Didaktische Modelle: Politik in Massenmedien; Bd. 3: Didaktische Modelle: Unterhaltung durch Massenmedien. Köln 1979/80.

Borchert, Manfred u. a.: Fernsehen in der Elternbildung am Beispiel des Medienverbund-Programms »Erziehen ist nicht kinderleicht«. München 1980.

Graebe, Ronald: Fernsehen im Deutschunterricht. Emanzipatorischer Mediengebrauch. Opladen 1980.

Graefe, Gerhard / Klaus Vogel: Massenmedien als Unterrichtsgegenstand. Presse, Film, Funk, Fernsehen, Buch und Unterhaltungsliteratur. Ravensburg 1980.

Jordan, Peter: Das Fernsehen und seine Zuschauer. Einflüsse auf Meinungen und Vorurteile. Frankfurt a. M. 1983.

Kübler, Hans-Dieter (Hrsg.): Massenmedien im Deutschunterricht. Lernbereiche und didaktische Perspektiven. Frankfurt a. M. 1981.

Kühborn, Kurt: Der Jugendliche als Fernsehzuschauer. Ein mediendidaktischer und medienpädagogischer Beitrag zur politischen Bildung. Frankfurt a. M. 1979.

Lang, Norbert: Lehrer und Fernsehen. Überlegungen und Untersuchungen der öffentlichen Erziehung im Prozeß der Massenkommunikation. Dargestellt am Beispiel Fernsehen. München 1978.

Lindemann, Gerd: Medienarbeit Fernsehen. Donauwörth 1980.

Weber, Rainer: Fernseherziehung in Familie und Schule. Eine Studie zur Diffusion medienpädagogischer Konzeptionen. Berlin 1980.

Wilke, Jürgen / Barbara Eschenauer: Massenmedien und Journalismus im Schulunterricht. Eine unbewältigte Herausforderung. Freiburg i. Br. 1981.